群馬藤原郷と

最後の熊捕り名人

狩野順司

Kano Junji

文芸社

はじめに

群馬県の北部には、武尊山、朝日岳、谷川岳、至仏山など二千メートル級の高い山が連なっている。そのほぼ中心部を利根川の源流が縫い、藤原ダム、八木沢ダム、奈良俣ダムなどを擁する。この奥利根の流域面積は日本一である。そして、これらのダムを囲むように、藤原郷が広がっている。

温泉郷である「みなかみ町」から県道63号線を車で二十分ほど走ると、山間《やまあい》の斜面にのどかな集落が現れてくる。ここが藤原郷である。縄文土器の発掘や各種の伝説、言い伝え、民話なども豊富で、歴史的にも魅力溢れる山里だ。

藤原郷は利根川の最上流域に位置する山間の長閑《のどか》な山里として知られ、四季折々に変化していく豊かな自然にも恵まれている。すぐ近くには天下の名峰谷川岳が聳《そび》え立ち、積雪二メートルを超す日本有数の豪雪地としても名高い。

ここで生活をしてきた人たちは皆たくましい。多くの先人が農業、狩猟、林業などに携わり、非常に厳しい生活を営んできた歴史がある。このような山間の閉ざされた

藤原湖と藤原郷

地域において不断の努力を重ね、大きな足跡を残した先達も、時代を超えて数多く存在する。

比較的近年の例に絞って何名か挙げてみよう。

宝川温泉を中心に奥利根開発に精魂を傾けた小野嬉与三。また、宝川温泉を今の形に繁栄させるとともに、『藤原風土記』の出版、藤原郷の地域興しなどに尽力した小野伊喜雄、不撓不屈の精神で、奥利根に四十八本もの鉱脈を発見した炭鉱王の中島定吉、伝統木彫名人大坪保吉、二百四十キロもの荷物を担ぎ上げた中島享、仙太郎の家を重要文化財にした林義明、奥利根源流を極めた中島仁三郎、沢ワサビ栽培に成功した林正三、郷土玩具大利根仙人を作った大坪義一、三百頭もの熊を捕った吉野秀市など錚々たる顔ぶれである。

これらの人々にとって、藤原郷は魅力的な里山であると同時に、大切な仕事場であり、日々を懸命に営む場であった。まさに「まほろば」だったのかもしれない。

最後に挙げた吉野秀市さんは、昔からこの地でなされてきた〝熊捕り〟（すなわちマタギ）を生業としている。マタギは主に冬の時期に山に分け入り、熊捕りを行う特殊な職業だ。自然がもっとも厳しい真冬の深山で猟を行うのだから、考えただけでも大変な業である。

いったいどんな人が、このマタギという仕事に携わってきたのだろうかと、私は以前より興味を持っていた。藤原郷出身の知人、吉野勝さんにも、ときどきマタギの話を聞いていた。関係する本など読んでいくうちに興味がさらに増してきたのであった。マタギの話をじかに聞きたいという思いに駆られ、今も健在の狩人、吉野秀市さんの自宅を訪ねることにしたのである。

吉野さんをその後も何度か訪ね、マタギに関する楽しい話をいろいろ聞くことができた。奥さんの並江さん、甥の狩人、吉野二千六さんからも、熊にまつわる話を聞かせていただいた。

そこには、家族とともに苦楽を重ねた〝マタギ一家〟の物語があった。マタギは雪の多い山岳地域でしかできない、険難で特殊な狩猟だ。険しい山、寒さ、そして熊と闘う男の物語でもある。

藤原郷は、私の故郷渋川市赤城にも近いため、昔から親近感を抱いていた。そんなこともあって、折に触れ、いろいろ調べたり話を伺ったりしていると、人々の自然との闘いの中には、感銘を受ける話がたくさんあって驚かされたのである。六十年間無事故で、三百頭もの熊を捕ったという人は、マタギの中でもそう多くはないだろう。

本書では、マタギの世界に生きた〝名人〟秀市さんの熊捕りのドラマを中心に、豊かな自然とロマン溢れる歴史文化に育まれてきた藤原郷の一部を紹介したいと思う。

（※参考資料『藤原風土記』小野伊喜雄発行）

群馬藤原郷と最後の熊捕り名人――目次

第四章　夫婦の絆

第五章　藤原郷散策

第一章
魅力的な藤原郷

一、落人伝説、炭鉱発見

藤原郷の傾斜地からは、しばしば縄文土器や石器が発見され、みなかみ町大穴は国指定の史跡になっている。

石器時代人の住居は温泉との関わりが強いといわれ、万座温泉、草津温泉でも関係する遺跡が発見されている。みなかみ温泉郷に在する宝川温泉、湯の小屋温泉でも、おそらく同じように古代人が住居を構えていたのではないかと推測できる。

今からおよそ九百年前、奥州平泉よりこの地に移り住んできた一族がいた。

奥州平泉の戦いで源頼朝に敗れた藤原泰衡の子孫とその郎党五十三名は、越後へ行こうとするが、利根山中で道に迷い、当地に行き着いた。一行は土地の実力者、中島孫左衛門尉に身分を明かし、姓名を譲ってもらったといわれている。以後、五十三名はこの土地に住み着くが、藤原の姓を捨てるに忍びず、村の名前を藤原の里と名づけたといわれている。

このような経緯で、この郷に今も暮らす中島姓の人々は奥州藤原氏の末裔ともいわれる。実際中島姓は多いようだ。そして、この藤原郷には、細面顔の「藤原美人」が多いともいわれているらしい。藤原氏といえば奥州の都人であり、気品ある顔立ちの女性が多かったのかもしれない。

中世より、ここから越後へ出るための道があった。湯檜曽温泉を経由する、現在も残っているルートのほか、栗沢～藤原～宝川温泉と通り、朝日岳を回って清水峠から越後国清水村に通ずる古道もあったらしい。伝承では、当地は「藤原砦」と呼ばれていたという。

天文二十三（一五五四）年十一月、上杉謙信は深雪を踏み三国峠を越えて、猿が京へ乱入する。魁首《かいしゅ》の新発尾張守長敦ら総軍二千人が二十五日、この藤原の砦を襲った。このとき沼田は小田原氏（北条氏）と見《まみ》え、謙信は藤原村にあった城をこの軍勢で攻撃したという。

とはいえ、これは伝承であり、確かな裏付けはない。しかし藤原には「謙信馬返シ岩」「謙信ガ淵」といった名称の場所があり、謙信が来たという伝説を支えるよすがとなっている。残念ながら、江戸時代における藤原村の資料はあまり残っていない。

江戸時代には、第五章に出てくる杉木茂左衛門の直訴事件があったからとも伝えられているが、一方では幕府からの橋建て替え用材の請負の失政により、時の五代沼田城主、真田伊賀守信利が改易となってしまったとも言われている。その後沼田城は幕府支配となって、それが明治まで続いた。茂左衛門は磔の刑となってしまったが今でも義人として広く知られ、八木節の歌詞にもなっている。第五章に述べる利根川源流まつりでも披露される、よく知られた歌である。

山間の静かな藤原郷は、昔は自給自足が基本であったようだが、一度飢饉に襲われると他の地と同様、多くの犠牲者が出た。飢饉による飢餓で滅びてしまったかまたは逃亡してしまったのか、現在でも山林原野にかつて畑となっていた畝の痕跡があるという。無縁仏と思われるものもあるようだ。特に天明三（一七八三）年は、全国的に大飢饉となり、疫病も発生して、わずかな強い者のみが生き残れるに過ぎなかった。

「はじめに」でも触れたが、藤原郷には、奥利根に眠る鉱脈四十八本を発掘した炭鉱王、中島定吉氏がいる。大正九（一九二〇）年より昭和二十一（一九四六）年までの間人生七十年の大半を費やし、彼はテントと食料を背負って単身、時には数人を連れ、不撓不屈の精神で鉱脈を探し続けた。

宝川の付近が開発の中心で、利根村、片品村にも鉱山の跡があり、山奥へと開発は

藤原郷の田園風景

伸びていった。一方藤原村では、開発を抑えるために、多くの山林を伐採制限のある「御留め山」とした。六十四カ所に及んだとのこと。

記録によれば、江戸時代の藤原村の村高は、三百十九石二升三合。田圃が二十五町歩もあった。この山奥でも水田耕作が行われていたのである。

藤原郷は山間ではあるが、農作物の育成には適している。夏季（六月〜九月）の日照時間は、東京六百七十時間、前橋六百四十時間に対して、藤原は七百六十七時間もある。東京に比べ、百時間近く長い（一九六〇年「理科年表」による）。山間でこれほど日照時間があるのは、雲霧の発生が少ないからだという。日照時間が長く、水が豊富であるから、水田にも適するのである。

明治末、大正、昭和初期まで、藤原村では炭焼きが盛んに行われていた。山々から立ち上る炭焼きの煙が、深い雪の中に多く棚引く光景は、藤原の風物詩でもあった。炭焼きのために、家族連れで移り住んでくる人々も多かったという。沼田の俳人金子刀水はこのことを歌に託している。

〝落人を祖とし世々古より炭を焼く〟

今はこのような風景はどこにも見当たらない。かわりに、あちこちに田園風景が広がり、長閑な山里の原風景が見られる。これも藤原郷ならではだろう。

また、藤原は木材の切り出し搬出も多く行われてきた。照葉峡から藤原湖まで通じた用材運搬用のトロッコ道の痕跡が、今でも残っている。トロッコ道は湯の小屋沢川に沿って、急な斜面に引かれていたようである。危険が伴う大変な作業であったことがうかがえる。この仕事に関して右に出る人はいない、と言われたのが吉野仟《まもる》さん（吉野秀市さんの実兄）であった。藤原郷の木材は古くから沼田城下ご用達の用材調達の役目も負っていた。そして利根川を利用して東京の木場まで運んだのである。

戦後は家屋など建築用材の切り出しに、他所から木こりたちが入ってきたようだ。そこには秋田県からの木こりたちもいた。彼らは伝統芸能である獅子舞やドジョウ掬いをもたらした。現在でも秋の諏訪神社大祭には、村の郷土芸能の一つとして、毎年大勢の村人の前で披露される。秋田からはこのような文化移入もあり、藤原郷の郷土文化は少なからず影響を受けてきているようである。

群馬県の郷土資料によると、山間地である利根郡藤原は、十五の村の入会《いりあい》であったが、各村々とも「田畑少なき場所につき出稼ぎ渡世」として、材木切り出しから、薪、炭焼き、下駄作り、紙漉《す》きなど、いろいろな作業をしたようである。

藤原は周りが武尊山、至仏山、巻機山など高い山に囲まれ、閉鎖されたような地域となっている。そのため、ここだけで働いて生活することには厳しい面があった。出稼ぎで生計を立てる人も多かったようである。しかし狩人や炭焼き、樵《きこり》などの地場での作業を精力的に行ったものと思われる。その結果、前にも述べたように、いろいろな分野で〝達人〟といわれるような人を多く輩出したのである。

また、この地区は坂道が多いため荷役はすべて馬頼りであった。牛は一頭もいなかったが、明治十（一八七七）年頃には馬が七十頭もいたらしい。子どもをとるために、牝馬が多かった。

後にくわしく紹介する熊捕り名人の吉野秀市さんは、終戦になり、軍隊から故郷に引き揚げるとき、馬一頭を買い、引いて帰ってきた。村の人たちはその光景を羨望の目で見て言った。

「嫁さんの代わりに馬とはねー！」

坂道が多いこの集落では、馬の利用価値は相当に高かった。農作業を少しでも楽に進めたいというのが、皆の大きな願いだった。その後、秀市さんは新潟県出身の並江さんと結婚したが、農業はやらず、父親の跡を継いで狩猟の道に入ったのである。

二、奥利根探検隊

奥利根の自然は、古くから非常に多くの人を惹きつけてきた。

中でも「坂東太郎」の名でも親しまれている利根川は、わが国第三位の長さを誇る大河である。この大河の源流域は、長年秘境とされてきた。明治二十七（一八九四）年、大正十五（一九二六）年、昭和二十九（一九五四）年、五十（一九七五）年の計四回、当地で探検が行われている。峻険な峡谷が続く山岳地帯。今地図を広げると、まるで桑の葉の葉脈のように小さな流れが無数に走っているのがわかる。探検隊は四回とも、そんな源流をたどり、大水上山（千八百五十メートル）を目指したのである。

初回の明治二十七年には隊員三十九名、第二回（大正十五年）には四十五名、第三回（昭和二十九年）には三十名、そして第四回（昭和五十年）には十九名がアタックした。このように大部隊が源流点を目指して行動するには、食料やテントなどの荷物も大変だったようである。

ここで、明治二十七年の探検紀行から一部の内容を見てみよう。（資料：『利根川水源探検紀行』渡邊千治郎著）

なにより息をのむのは、源流発見などの様子が臨場感をもって克明に記録されていることだ。こんな険しい山地にも、マタギの世界が広がっていたのがよくわかる。

技師、警察署長、村長、小学校長、教師、人夫などからなる大部隊「奥利根探検隊」が奥利根を探検した。ちなみに警察署長は日本刀を持って参加している。

奥利根は昔から神秘の場所であったようだ。その年の九月十九日から二十九日の十一日間、山塊を移動しながらテントを張り、奥利根から尾瀬までを探検している。

「これまで深山に分け入って十数名の命が亡くなっている」

「古くから、山中に恐ろしい鬼婆がいて人を食い殺す。さらにはこの山に踏みこむと山の神の怒りであろう、たちまち暴風が起きて前に進むことができない。利根川水源の文殊菩薩の乳頭から滾々《こんこん》と水が湧き出ていて、その傍らに光輝絢爛たるものを見た」

その他にもいろいろな言い伝え、伝説が残る土地なのだ。

利根川の冷たい水の中を遡っていくと、急に温かい水になった。温泉であった。隊員たちは温泉場を二カ所作り、そこでゆっくり体を休めたという。今は湖底に沈んでいるが、湯の花温泉だったようである。

また、山の中には、ムシロで囲った小屋がところどころに見つかった。不気味な様子におののきつつも、誰かが住んでいるのだろうかと、警察署長がムシロで作られた扉を日本刀で切り落とした。と、中はもぬけの殻。同行した人夫たちは、猟師小屋だろうと口をそろえた。

マタギの人たちが使っている小屋だったようだ。マタギたちは人跡未踏とも思えるこの山塊にも、活動エリアを広げていたのである。

そのことを秀市さんに尋ねると、父親も奥利根の山々にはよく行っていたとのこと。新潟県との県境でもあり、新潟の猟師と共同で熊を捕っていたそうだ。狩り場自体は群馬県側であっても、新潟県側からのほうが入りやすく、新潟県の猟師が多く入りこんでいたという。群馬県側からは無数の深い渓谷があり、難しい猟場だったらしい。

源流へ近づくにしたがって、利根の本流の川幅は狭くなっていく。川に沿って歩いていた探検隊だったが、両岸の岸壁が屏風のごとくに聳え立つ場所までくると、愕然として一歩も先へ進むことができなくなった。見下ろして水の流れを探そうとするが、両側は断崖絶壁で水流は遥か麓に見えるのみ。

早く山頂に至りたいが、危険な岩稜が高く突き出ており、まさに頭上に落ちてこようかという風情でもある。一行は叢《くさむら》の中にしゃがみこんで一言も発しない。

進むも難しく、退くもまた難しい。しかし、ならば進んで苦しもうと、綱を下ろして岩角を降りていき、先へ先へと歩みを続け、千辛万苦後ついに、川の源流に至った。ひとつの小さな窪があり、しずくが集まって小さな流れになっている。四面の峻岳は皆その頭を現して、利根の水流はうねうねとして幽谷の間に白絹を敷いたようだ。白絹の尽きたところは大利根岳（大水上山）、高く突き出て天に至る。その壮絶さは言語に表すことができない。水源探検の目的はここに終わった。源流発見である。水流源を確定して後、「帝国万歳！」の声が深山に響きわたる。その日が日清戦争勝利の日であった……。探検記は、奥利根踏破の苦労が充分に窺い知れる内容であった。

なお遡ってみれば、渓間の丘の上に伝説のように言い伝えられてきた文殊菩薩が正座している姿が見えたという。百二十年前に見た人がいると伝えられた文殊岩である。探検隊一同は皆、拍手喝采して大発見を喜んだ。丘の高さは百尺（約三十メートル）余りで、上部が平らな天然の奇岩の上に、大きな岩が鎮座している。まるで人が手を加えたかのようだったという。

藤原郷の最奥部に位置する奥利根のこの探索は、今から百十六年も前に行われた。未知との遭遇であり、危険が伴ったが、大きな発見もあり成果は上々であったようだ。ただし、四回目の探検は学術調査が目的だった。このときには藤原湖もできていて、ゴムボートで奥へ進んでいった。苦難と爽快さとが織り交ざった学術調査の記録では、奥利根の自然は限りなく大きく遠いものだった、と締め括られている。

一つの源流に四回も探検調査隊を送りこんだということは、それだけ奥利根が複雑で、人々が容易に入っていけない神秘の山であった証しではないだろうか。それゆえに原生林も長年にわたって保たれ、動植物のゆりかごとなってきたのだろう。

現に、山菜もたくさん採れるし、熊、鹿、ムササビ、ウサギなど多くの動物も生息している。藤原の里は、だからこそ狩猟に適した土地なのだ。しかし近年は、鳥獣保護の観点からも規制がかけられ、当地では、人畜に影響が及ばない限り、熊、鹿などは捕獲できなくなっている。

三、ダム建設に沸く

藤原郷が飛躍的に発展したのは、昭和九（一九三四）年九月に、国鉄上越線が開通したのがきっかけであろう。これによって、みなかみ町の水上温泉、谷川温泉、湯檜曽温泉が脚光を浴びるようになり、それに合わせるように宝川温泉、湯の小屋温泉などの藤原郷にも観光客が集まってくるようになった。

太平洋戦争後、藤原郷には戦後奥利根の山塊に「治山・治水」そして「発電」などのため大きな多目的ダムが次々と造られた。昭和二十二（一九四七）年の秋、キャサリン台風が群馬北部を襲い、甚大な被害をもたらした。利根川水系には八百ミリという記録的な大雨が降り続き、利根川が氾濫して、群馬、埼玉、東京にまで大きな被害が及んだ。

戦前からダム計画は進められていたが、この利根川氾濫の教訓もあって、早い時期に再着手したのである。戦後まもない時期にこれだけの大プロジェクトを立ち上げたことは、国の事業としても意義深いものだった、ということである。

藤原ダムは昭和二十七（一九五二）年に着工、六年の歳月を費やして昭和三十三（一九五八）年に完成した。太平洋戦争が昭和二十年に終わって七年後に工事を開始して、まさに戦後復興の最盛期であった。

ダムの湖底に沈んだ家々は六十軒にも及んだ。地元との補償交渉は難航したという。多額の補償金が地元に落ち、それにまつわる尾ひれの付いた話も縷々流れたという。

ダム景気に沸いた際の逸話である。

土地成金が出現した。労働者の日当が二百四十円の時代に、靴を片方脱がしてくれれば千円、両方で二千円くれてやったという。金があり余って使いきれなかったのだろう。さらには、千円札で革靴を拭いたともいわれた。

その後も、ダム建設は続いた。八木沢ダム建設が昭和三十四（一九五九）年に着工、四十二（一九六七）年に完成した。最後に建設されたのが奈良俣ダムで、十七年の長期にわたる工事であったが、平成二（一九九〇）年に完成した。

その建設費は、藤原ダムが五十三・三億円、八木沢ダムが百二十七・七億円、奈良俣ダムが千三百二十九・五億円ともいわれる。巨額の投資が行われてきたのだ。このダム建設の結果、東京、埼玉などの水不足も解消し、キャサリン台風のような大きな水害は起こらなくなったのではないだろうか。

また、ダム建設は観光資源の開発にも繋がった。

道路は整備され、観光地へ行く利便性が高まった。水上高原スキー場、水上宝台樹安らぎの森スキー場なども整備され、一年を通して多くの人が訪れるようになった。雪質もよく、苗場、湯沢などに比べれば規模は小さいが、穴場として人気がある。この藤原郷を囲む山塊は、まだまだ原生林に近い状態で維持されているため、春は山菜、秋にはキノコなど山の幸を探しに、そして紅葉狩りにと、訪れる観光客は多い。

標高千メートルには自然を楽しめる上ノ原入会の森や水上高原ゴルフコースもあり、温泉に宿泊してのプレーは人気が高いという。

スポーツに、観光に、多くの人が訪れるため、多くの民宿が営業を始めるようになった。私が泊まった民宿〝並木山荘〟でも、山菜採りに訪れた埼玉県の人たちが泊まっていた。男女合わせて八人のグループだったが、「昨日はウドやワラビをたくさん採った」などと言って、車のトランクに入っているたくさんの山菜を見せてくれた。翌朝には全員が、腰に熊避け対策の大きな鈴をつけ、目の前の武尊山の麓の上ノ原方面に出かけていった。この人たちはスキー、山菜採り、ゴルフにと、リピーターとして民宿を利用しているとの話だった。私も五月の天気のよい日に上ノ原「入会の森」近くまで行ってみた。そこは草原で、何人かの人が蕨を採っていた。一見して蕨を始め、山菜が多くありそうな場所だと思えた。

この地に住んでいる人々にとっても、藤原郷は恵み多き場所である。谷間のいたるところから良水が湧き出ていて、稲作にも適している。ワラビ、ゼンマイ、ヤマブドウ、キノコなど山の幸も豊富だ。

第二章
マタギの世界

一、マタギという生業

マタギといえば、秋田や新潟の山深いところで行われてきた〝熊捕り〟を多くの人が思い浮かべることだろう。まさにそのとおりで、マタギとは、奥羽山脈などの山地で厳しい冬の寒さの中、熊やカモシカ、鹿（アオシン）などを狩る猟師たちのことをいう。

近年まで群馬県北部の藤原郷に暮らすマタギもまた、代表的な秋田マタギとほぼ同じスタイルで猟を行ってきたようだ。マタギの集落では、主に落葉樹林を有した広大な林野の中、狩猟によって得られた産物が商品となり、それが経済活動に繋がっていった。

藤原マタギは、武尊山、至仏山、平ヶ岳、小沢岳、牛ヶ岳、笠ヶ岳などの高い山に囲まれた広大な山岳を猟場として、近年まで狩りを続けてきた。古くから行われてきた営みだが、一般人にとっては未知の世界だ。その世界の一端にでも触れることは、まことに興味深いものがある。

私がマタギに初めて面と向かったとき、その人はとても温かい笑顔を見せてくれた。素朴で、話し方は実直そのもの。そして、実際に狩猟をやった話を聞くと、驚きの連続であった……。

マタギは常に身の危険を冒して、雪山、そして猛獣と闘う。なぜ、そこまでのことができるのか。マタギの魅力とはいったい何なのだろう。たしかに、熊を捕れば大きな収入になるという経済面の理由もあるだろう。

しかし、本当の魅力は別のところにあるにちがいない。いったん山に入ってしまえば人の力を借りることはできず、自分の能力だけで厳しい自然や熊と闘わなくてはならない。命がけの仕事。非常に危険なのだ。ただ、危険であるがゆえに、その緊張感には、余人には窺い知ることのできない魅力があったのかもしれない。

いつ獲物が捕れるかどうかわからぬ山師的な仕事。大黒柱として一家を支えていくには、不安定さの影が常に寄り添う営みだ。彼らはその難しい課題に向き合いながら、長い年月を代々過ごしてきた。日々の生活の糧を確保するために旅マタギ（出稼ぎ）をしたり、鹿、野ウサギ、ムササビなどの小動物を捕ったり、かたわら農業をしたりして生活してきたのである。

何人かでグループをつくり、頭領（スカリ）指揮の下に行う巻き狩り、そして主として穴熊などを狙う一人マタギ、さらには二人マタギで行う方法などが、一般的な狩猟の方法であるようだ。

今回私が訪ねた吉野秀市さん（大正十四年生まれ）は、県から〝ぐんまの達人〟という称号を受けた熊捕りの名人である。長年、秀市さんの下でマタギを副業として活躍してきた吉野二千六さんにも話を聞いた。

一人または二人マタギは、特に多くの危険が伴うものだという。

仕事の場所は山の中である。熊は猛獣だから命がけで対峙しなければならない。山では熊に襲われたり、表層雪崩にあったりする。他県では山で凍え死んだりするマタギが何人もいると聞いている。

しかし、秀市さんの口からは、大きな怪我や恐怖の話はいっさい出てこなかった。このことは、彼が山や熊、そして気候に対して常に細心の注意力をもって接し、かつ危険に対する察知能力も抜群に高かった証しであろう。

一人マタギには、巻き狩りとは違って豊富な経験と知識が求められる。そんな一人マタギを長年やってきた人から話を聞くことができたのは幸運であった。

ここからは、一人マタギの話を中心に、厳しい自然との闘いの中で繰り広げられた男たちを紹介していきたいと思う。

二、日本のマタギの分布

マタギを行ってきた集落は、主に東北地方中心に点在しており、四十六カ所のマタギ集落（石川一九八五）が報告されている。北海道五カ所、秋田県七カ所、岩手県七カ所、宮城県四カ所、山形県五カ所、福島県八カ所、新潟県九カ所、長野県一カ所である（『日本の狩猟採集文化』世界思想社より）。

ちなみに、群馬県在のマタギ集落の存在は、この資料には記載されていない。マタギを生業としていないための除外かと思われる。藤原郷のマタギは特殊な存在とされていることもあり、統計に載っていないのだろう。

村史によれば、藤原郷には、「リョウシ」とか「カリウド」と呼ばれる狩りを生業にする者が、明治十（一八七七）年の時点で十四人いた。彼らの狩りが、近年まで伝統を守り続けられてきたのである。

その他、武尊山を挟んで藤原郷の反対側の片品村、川場村でも、生業とまではいかずとも、冬の熊捕りは行われていた。

群馬県の近くでは新潟県の南魚沼郡湯沢町、福島県南会津郡檜枝岐村、そして長野県下水内郡栄村秋山郷などのマタギが調査記録されている。

藤原郷では、秋田に代表される六、七人以上で行う〝囲いこみマタギ〟も行われてきたが、とりわけ武尊山、至仏山などの山塊を中心に、〝一人マタギ〟が多く行われてきた。主として穴熊の狩りである。

奥羽山脈のような広大なエリアとは違って、藤原マタギは武尊山、至仏山などに囲まれた比較的限られた範囲で狩猟を行ってきた。熊の数もおのずから限定されるため、マタギだけで生計を立てることはかなり難しい面があった。そのため六、七人のグループで狩りをする場合でも、全員がプロというわけではなかった。農業や炭焼きなどの合間に手伝ってもらい、熊狩りをしてきた経緯がある。群馬藤原郷では、このように他の地域とは少し異なる形で狩猟が行われてきたため、正規の統計、データなどから漏れている面は否めない。しかし、当然のことだが、それが理由で藤原マタギのすごさが減じるということには、いささかもならない。

三、阿仁マタギ

マタギといえば、秋田の「阿仁マタギ」が有名だ。奥羽山脈を中心に広く活動してきたマタギである。秋田県、山形県などで、集落として七人から二十人ほどのグループを作り、協力して〝巻き狩り〟を主体に狩猟を行ってきた。

しかしマタギの世界も厳しく、〝旅マタギ〟〝出稼ぎマタギ〟〝渡りマタギ〟などの形で、地方に出て三人くらいで狩りをするケースも多かったようだ。ときには単独で穴熊を狙って地方に出向き、渡り歩いたり、さらに昔は北海道から樺太まで足を延ばして猟をした時期もあったという。資料によると、秋田の狩猟集落では越中黒部、越後、信州、上州藤原、秋田男鹿半島などの方面にまで熊狩りに出かけた、とある。

熊を捕っては、その場で捌いたり、そのまま専門業者に卸したりして商売をしていたといわれている。

これらの旅マタギは、藤原にも来ていたものと思われる。藤原郷のマタギはこれらの影響を受けている。そのひとつに秋田カンジキ（カナカンジキともいう）があるのかもしれない。秋田カンジキは滑り止めの金具が普通のものより長く、雪の多いときに有効で、最近まで使われてきた。

一方藤原地区はよい猟場としてよく知られていたが、その後、この領域は藤原マタギの聖域のようになり、いつの間にか秋田や新潟の旅マタギたちのような余所者はあまり入りこまなくなっていったという。

マタギを象徴するものに、自然崇拝的な精神がある。

狩猟を神聖な所業として、仕留めた獲物の心臓などを山の神に捧げてきたことなどは、その何よりの証しであろう。囲いこみマタギでは大勢のマタギが山に入るため、綿密な作戦を立てたうえ、氏神様にお祈りをしてから山に入る。

マタギたちの中に悪い行いがあると、山の神が罰を与えるという言い伝えもある。藤原では、怪我のないように、そして熊が捕れたお礼として、十二神様にお祈りをしてきたという。

身内に不幸があったり、あるいは子どもが生まれたりした場合などは、一定期間、山に入ってはならないとされている。また、熊の毛の色合などによっても、熊の扱いを区別しているところがある。たとえば、白毛の熊や掌が白い〝つまじろ〟は神様扱いにしている。一方、月の輪が真っ黒な熊は、撃つと不吉なことが起きるという。

マタギは非常に神聖な世界観に生きる存在だ。その祈りの言葉には次のようなものがある。

『御山の神、地鎮の神様、このサカキ（幣束）にござって、われわれ二十名のもの山にて怪我災難等あいよけて、越し来るものをあいよけ、諸願成就に守らせたまえ』

危険が伴う〝マタギ〟は、村中がひとつになっての大仕事なのである。

それゆえに猟場での統率が大切だ。頭領（スカリ）の指示命令は絶対である。大勢の人が山に入るため、頭領の指揮のもとに綿密な作戦を立てて組織的に行動をする。

向棚の中心にはスカリが合図をする。十人から二十人くらいの射手や勢子たちの猟場での役柄を決めて、ある間隔で包囲網の形をとり配置につく。勢子たちが山に入った熊の捕獲を目指して、遠くから円陣を組んで、追い出しを図る。

双眼鏡とトランシーバーで状況を判断して、熊を次第に追い詰める。熊は山の上のほうに上がっていく習性がある。山の稜線近くで待ち構えているのは射手（ブッパ）である。下から追い上げられた熊を撃つのである。急所は決して外してはならない。急所はあばら骨三本目の下であるという。そこが心臓なのだ。〝熊撃ちは度胸ひとつ〟

ともいわれる。
こうして厳しい掟と熟練されて銃の技術のもとにマタギたちは熊と闘うのである。

第三章

熊捕り人生

一、熊と闘う男の世界

マタギの生の話を聞くために、私は〝達人〟吉野秀市さんとその妻並江さんが経営している民宿「並木山荘」を訪ねた。マタギの狩猟方法については、私自身まったくの門外漢でもあるため、いくら話を聞いても、それをリアルに書くことは難しいだろうと思っていた。そこで、主にマタギの日常生活で起きた出来事をお聞きしたいと決めていた。

夕方五時を少し回った頃、並木山荘に着いた。

「ごめんください！」

玄関をそーっと開けて挨拶をすると、奥さんの明るい声が返ってきた。

「ああ、こんにちは！　こっちへ上がって！」

しばらくして、笑顔の奥さんが玄関に現れ迎えてくれた。

「こっちに上がって！」という響きのよい一言に触れて、ふっと気持ちが楽になった。居間に通されると、炬燵に入っていたご主人が優しい笑顔で迎えてくれた。ただ、それでも、〝マタギの達人〟とはどんな人なのかと、ふたたび緊張感にとらわれた。

「こちらへどうぞ！」

張りのある元気な声。少し伏し目がちに私を見て、秀市さんは座布団を差し出してくれた。一見しただけでは、百戦錬磨の熊捕りとはまるで思えない。表情がゆったりとしていて穏やかなのだ。なぜだろうという小さな疑問も湧いたが、内心ほっとした。これで安心してマタギの話を聞くことができる。

私は挨拶をしてから、今回この民宿に来た理由を述べた。

「十六歳のときから六十年間も無事故でマタギをやってきた人とはどんな人だろうかと興味が湧きまして……。極寒の世界で熊を捕る、そこにはどんなドラマがあったのだろうか、と。今はマタギという世界はなくなってしまいましたが、〝最後のマタギ〟といわれる吉野さんご本人から、マタギの日常生活のいろいろな話を聞けたらと思い、やってきました」

秀市さんは快く承諾してくれ、早速マタギの話になった。

「マタギの語源は定かではないですけど、いくつかの説があります。〝マタッギ〟（Y

字型をした、長さ約一メートル、直径三～五センチほどの強い木材）を使い、鉄砲をこれに掛けて獲物を狙ったり荷物を掛けたりするから、という説もあります。緊急時、熊と対峙するとき防御用にもこれを使いますね。熊捕りは幾つもの山を股にかけて生活をするから〝マタギ〟という説もあるんですよ」

マタギの語源にはかなり広い解釈があるようだ。アイヌ語にも同系の言葉があるという。アイヌ語では狩猟者をマタンギなどという。日本で現在も山言葉として使われているサンペ（心臓）、セッタ（犬）といった言葉も、アイヌ語と同じ意味だそうだ。しかしながら、ではマタギはアイヌ語からきているのかというと、その確たる証拠もないというのが実際のようだ。

秋田の阿仁に代表されるマタギは、集落として生計を立て狩猟をやってきた長い歴史がある。一方、藤原郷のマタギは専従的に狩猟をやっているケースは少なく、多くは補助的に携わった程度だという。この場合にはマタギとは呼ばない、と秀市さんは言う。

「マタギの方法は土地によってちがいます。藤原郷で行われていたのは、二人一組で数匹の猟犬を連れて穴熊を探し当てるものと、六、七人で行う囲いこみ猟でした。と

吉野秀市氏（左）と中島団次氏

きには一人で熊捕りに出かけることもあったですね。夏の間にも熊の行動を観察しておいて、猟期に備えたもんです」

藤原では明治時代から平成初頭にかけて、熊捕りが盛んに行われた。遡って名手といわれる人を挙げると、中島団次、中島福蔵、中島続《つづく》、中島三千夫、大坪巌、そして吉野秀市さんがいる。中でも中島団次は熊捕り名人として、広く知られていた。

秀市さんは、彼の薫陶を受けている。

「本当によい指導者に付いた」とのこと。

右の名手たちによる熊捕りは、一人で行われる場合が多かった。

しかし、中島続さんと吉野秀市さん以外は、すでに亡くなっている。

続さんは秀市さんより若いが、藤原郷を取り巻く広大な山塊を知り尽くしている狩人である。秀市さんと組んで何度も熊捕りをやってきた。続さんもまた、熊捕り仲間では評判の優秀なマタギであった。

秀市さんは言う。

「熊は、ほぼ一定のルートで行動する習性があります。それぞれの個体の戸籍がわかるぐらい歩いて調べないと、熊は捕れません。宝川付近で冬眠から覚めた熊は、八木沢から新潟の湯沢へ、またあるときは湯の小屋経由で尾瀬へ、また清水（新潟県）へと移動します。反対の場合もある。つまり熊は、群馬県、新潟県、福島県を行き来しているんです。これが獣道にもなっているので、獣道を見つけるのは非常に大切な作業なんですよ」

獣道を夏の間に見つけることが肝心で、このことが熊の住処《すみか》発見に繋がる。これらのことを周知しているのが続さんで、山を克明に調べ上げ、誰にも負けない情報と行動力を兼ね備えた人だという。

秀市さんは背筋を伸ばして言う。

「熊が棲める都合のよい場所かどうかは、山を見ればわかる」

先に紹介した二千六さんも、秀市さんと一緒にマタギの世界で闘ってきた人である。二千六さんは秀市さんのことを「親方」と呼ぶ。二千六さんはその時の顛末の一部を話してくれた。

「親方は山のことはすべて頭に入っている。真っ暗闇でも迷うことなく、目的地に行けるんですから。一度、武尊山の猟の帰り道、吹雪になって一寸先すら見えない状況になってしまったんですが、親方は吹雪の中をどんどん歩き出したんです。私はついていくのがやっとで。息を切らしながら胸を突くような急な山道を登り、今度は、谷に転がり落ちるような急な下り山道を降りて進んでいきます。私は、吹雪で霞む親方の背中を懸命に追いました。いくら親方でも、この吹雪で大丈夫なのだろうかと、一瞬、不安がよぎったものです。

でも、そこは信頼している親方ですから、しっかり後についていきました。山をいくつ越えたでしょうか、懸命に背中を追って三時間くらい歩いた頃、ようやく真夜中に家に着きました。ですが、どのルートできたのかが皆目わからない。山の相を知り尽くす、とは親方のことをいうんですよ」

家に帰ってくると奥さんは、自宅で食事をつくって待っていてくれた。家から五キロほど離れている宝川温泉旅館に勤めていた奥さんは、午後十時に帰って、それから食事の仕度をしたのである。

親方は帰るなり、囲炉裏に座って何事もなかったかのごとく、

「腹が減った。一杯やろう！」

と言って喉を潤した。

玄関のストーブにはまだ火が残っていて、それに当たりながら今日のことを三人で振り返った。

山の夜道を昼間と同じように歩く——頭の中にどんなナビゲーション機能を持っているのか、二千六さんは信じられない思いに駆られていたという。

秋田の阿仁マタギでも方向がわからなくなったり、吹雪の中を迷ったりすることが結構あるということである。

山ではこのようなことはよくあることだ。いかに熟練の阿仁マタギといえども、例外ではないということである。まかり間違えば、凍死という最悪の事態になってもおかしくはない状況下なのだ。

しかし秀市さんは、これくらいのことは平気で乗り越えてしまうマタギだった。漆

黒の山の中でも、吹雪の中でも、迷うことなく家に帰る、正確無比な帰巣本能は、通常の知力のレベルでは測れないものがあるように思う。今まで六十年間、事故ひとつないのは、こうした能力に支えられてきたからこそであろう。

熊捕り名人として知られている中島団次さんでさえ、怪我をしている。昭和二十一（一九四六）年の秋のことであった。

「木ノ根ゴマ倉にて熊と組み合い、自分は顔や手に負傷す」

団次さんの〝熊捕り帖〟には、このように書かれているそうだ。

結果、顔に傷が残ってしまった。しかし団次さんがすごいのは、怪我が回復すると、その熊を追い、太鼓窪の洞穴に逃げこんだところを射止めたことである。団次さんにとっては、永い熊捕り人生で、たった一回の怪我だったという。

二、熊を追って

熊は雑食性の動物である。

冬眠前の時期に食べた量にも、居場所についてのたくさんの情報が隠されている。

ウサギを捕る

これにより、ここぞと思う眠場所に目星を付けておくのだが、やはり経験と勘が何よりも物をいう。そんな場所を何カ所か決めておき、降雪の前に米、醤油、野菜などの食料を近くに建てた簡単な小屋へ運びこんでおく。冬場の何日間かの逗留に備えるためだ。

熊たちが生息する穴は、武尊山（標高二千百五十六メートル）の標高千七百メートル前後の地帯にある。マイナス十八度から二十度の世界。活動範囲としては、武尊山から至仏山に至る数千ヘクタールという広大さである。

「凍えるような寒さでしょう。大丈夫なのですか？」

「山は寒いときもあれば暖かいときもありま

す。火もあるし、大丈夫さ」

秀市さんは、自信を持って言った。鍛えた体が寒さを遮断するのだろうか。

「熊のアタリがないときは、ウサギや鹿の猟をする。特に冬の鹿肉は脂肪分たっぷりですから、美味しい部分を料理して食べるんです。山では、雪を溶かし、肉を煮て美味しく食べます。これが山での楽しみなんだ。不味い部分は猟犬のクロにくれてやるのさ。こうして充分なエネルギーを補給することが大切なんだ。体全体が脂ぎってきて、寒さを感じなくなるから」

秀市さんはご満悦そうな顔で語る。

「山では美味しく食べる」

これは大切なことである。厳しい寒さの中での食事は、美味しくたくさん食べることが最重要事項なのである。充分なエネルギーを供給することに繋がるとともに、山で四六時中過ごす際、唯一の楽しみにもなる。リアルな言葉であった。

「熊捕りにばかりに集中するのではなく、心にも余裕を持つことが必要なんです」

この言葉は、他のこと、たとえばわれわれの仕事にも通じるのではないだろうか。

厳しい冬山でも、食べることに関して怠ることがないようにするのが、山で暮らすプロのやり方なのだ。

彼らは、狩猟の時期、つまり熊が冬眠から覚めるときに山に入り、うずたかく積もった氷のような雪の上に焚き火をおこして暖を取る。火の熱で次第に雪が溶けて、焚き火の周りが円形のように窪んでいく。いつしか、人が入れるくらいの深さとなり、ときには山の寒風をも遮ってくれる防御壁になるという。

そしてこの厳しい寒さにあって、焚き火に当たりながら着のみ着のままで寝るのである。冬山での生活は火がいちばん大切である。が、同時に、火をおこすことは非常に難儀な作業だ。

「一日中山歩きをしても獲物が捕れない。夕方になってきて、山で寝なければならない。さあ、これからの火おこしが大変です。腹が減って減って疲れているのに、鋸《のこぎり》で直径三十センチ、長さ一メートルくらいの生木を、七本ほど用意しなければならないんですから。あたり一面銀世界の中、迫りくる夕闇の下で火おこしの苦難が始まる。まず、ダケカンバの木の薄いペナペナした皮をたくさん集める。この皮は火がつきやすいんですね」

その火の扱い方については〝冬上夏下〟であるという。

「冬は薪の上に火をおいて燃やし、夏は薪の下に火を入れて燃やすんですよ。冬は薪を横に並べて、その上に火を載せる。火は上から燃えていく。これだと一気に燃えなくて、火持ちがいいんですよ」

通常、火を燃やすのに生の木は使わないものだ。生木では火が点かないと考えがちである。しかし、長い時間火を燃やし続けるには、逆に生木でなければならないのだ。

枯れ木ではすぐに燃え尽きてしまうが、生の木であれば最初の一本が燃えれば、その火の熱により、次の生の木が熱せられるため蒸気が出て、少しずつ乾燥しながら燃えていく。長い時間効率的に火を維持するには、理想的な方法なのであろう。

一人前の火おこしになるには、最初に燃やした生木が燃え終えて、次の生木が順序よく燃えるようにしなければならない。夕方火を点けて木が順々に燃えて、七本目が燃え尽きる頃朝になる。経験から計算され尽くされた本数、太さ、そして長さなのである。

一晩に七本の生の木を、手もかけずにうまく燃やすことができるのには、熟練の術が必要だ。寝ている間も、火は燃え続け、体を温め続けてくれなくてはならない。山に生きるマタギの大切な技なのである。しかしそれは、マタギ職人としての最初の入り口だ。

　秀市さんは言う。

「火を見ながら、雪の上で休ましてもらう」

　厳しい自然の中で、常に自分は自然に生かされているのだという気持ちが垣間見える。

　このように、冬山で火を焚いて過ごすためには三種の神器がある。カンジキ、マタッギ（Y字型枝木）、ノコだ。これらはきわめて重要なものであると、秀市さんはつけ加えた。

　マタギは長い時間を山の中で過ごす。寒さとの勝負なのである。夜の寒さは一段と厳しい。漆黒の闇の中、焚き火の音だけが〝ぱちぱち〟と鳴り、雪に埋まった雪穴の

猟犬クロと山を歩く秀市さん

上より少しの炎が辺りをうすぼんやりと照らす。静けさだけが身を包む。明日の大きな獲物を期待して、うとうとしながら時は過ぎてゆく。

猟犬のクロは、いつも薪の傍にいて、秀市さんをガードしていた。秀市さんが夜中目を覚ますと、必ずクロと目が合ったという。クロがいるだけで安心できたそうだ。まことに頼りになる名犬である。と、いつしか、木々の小枝を通して、東の空が白々と明るさを増してくるのを知るのだった。

マタギは、雪に隠れた穴の中で熊が動き始める、その時を待つ。期待感と緊張感。昼間はこの雪穴からときどき出ていって、熊が穴から出てきた様子がないか、足跡などを確認する。クロの動向と熊の足跡が重要な決め手となるのだ。

熊は春が近づくにつれ、穴から去る前に、一度周りの様子を確かめに出てくることが多い。このとき、足跡がどの方向に向かったかが重要なポイントになる。穴に戻ればば捕獲のチャンスだ。

武尊山、至仏山を中心とした広大な山地の中、標高千メートル地帯を中心に、熊のいる穴を探すのである。多くは原生林であり、深山幽谷のようなところばかりである。

武尊山には、比較的確保が容易な木の実の餌が多くある。また、岩穴や木穴などねぐらの条件も整っている。確認されただけでも、二百近くの熊の穴があったということだ。

穴の中の熊の所在を探し当てるには、猟犬のクロにあらかじめ熊の皮膚（毛）の匂いを嗅がせておく。嗅覚の鋭い犬は、それで熊がいる穴を見つけることができるのだ。

では、熊捕りの際はどうするか。できるだけ穴の上のほうから熊が出るように、二メートルくらいの枝木を数本用意して、枝木の幹のほうを穴の下部に向けて差しこむ。熊は枝木の上より出てくるとき、木の枝を引っ張りこもうとする習性があるからだ。

熊はこの作戦に嵌《はま》り、上部より出てくる。最初は手を出し、次に鼻を出し、それから耳を出すという。この動作の順番はいつも変わらない。そして熊の耳が出てきた瞬間が、銃の引き金を引くタイミングだという。

秀市さんは言う。

「手が出た！　鼻が出た！　耳が出た！　チョン！　ドーンだよ」

ここで「チョン！」という間をとるのがポイントで、熊の耳を狙って撃つのによいタイミングなのだという。

秀市さんは、熊の出てくる後方三十五度斜めから、銃をマタッギに載せて構えている。この角度が重要なのだ。熊が穴から飛び出したとき、逃げやすいように正面はあけておくのだという。熊が逃げやすい道をあけることは、自分の身の安全にも必要なことなのだ。熊捕りの極意といえるだろう。

三、熊との遭遇

狩場の中心である武尊山（沖武尊）の周りだけでも、鹿俣山、西峰、剣ケ峰、獅子ケ峰、不動岳、前武尊、家ノ甲山、中ノ岳など多くの山々が連なっている。これだけの山岳に至仏山や朝日岳などの連山が、さらに加わる。そのうえ、片品川村、川場村、藤原郷などに向かって流れる無数の川が谷を作り、滝を作って、狩人たちの行く手を阻んでいるのである。裏見の滝など、落差が六十メートルもある滝もある。

山には常に危険が潜んでいる。いつ熊と遭遇するかわからない、そんな危険にあえて立ち向かいながら、辺りに注意を払いつつ進む。熊の足跡があれば、千載一遇のチャンスとばかり後をつける。

秀市さんにも失敗はあった。

新しい足跡を見つけ、山を越えて谷を渡り、やや平らな林に来たとき、熊の後ろ姿を確認した。やがてブッシュとなり、前がよく見渡せない入りくんだ林の中にやってきた。と、そこで急に熊の姿が見えなくなってしまった。

「はてな?」と思い、狙っていた道を外して、別の道に行こうとした瞬間、出合い頭に目当ての熊とばったり鉢合わせてしまった。熊は先回りをして待っていたのかもしれない。秀市さんは咄嗟に、うつ伏せの状態で雪の上に、バサッと倒れた。窮余の策として、目だけは引っかかれないよう前に倒れ、両手で頭を押さえたのだ。命を山に預ける気持ちで、もうこうなったら仕方ないと腹をくくった。熊は、前足で背中の上に乗った。そして熊は爪でヒダノソッカ(毛皮の外衣)を引っかいて、匂いを嗅ぐように鼻を近づけてきた。その時秀市さんは恐怖も重なって熊追いのセコたちが出すような甲高い声を出した。すると熊は秀市さんから離れていった。熊は利口な動物だから戻ってくるかもしれないと思い、秀市さんはしばらくうつ伏せのままじっとしていたという。

「助かった！　あいつは俺をやらなかった」

しばらくの間、その場に座りこみ、動けなかった。

その日は風もない穏やかな日であった。そのとき秀市さんは、熊にも感謝しつつ、いつしか緊張の顔から笑顔に変わったという。

「俺は運がいい。天佑神助とはこのことか」

ひとりつぶやき家路に就いた。山は熊たちの住処である。山を歩いていればこのような遭遇は付き物だ。そのとき、どう立ち向かうかが、生か死かの分かれ道である。中島団次さんのように立ち向かうか、秀市さんのように死んだふりをするか……。いずれにしても、山を歩くことは非常に危険なことであることに間違いはない。

四、山の寒さと怖さ

何日間も雪穴で獲物を待つこともある。春の雪山の中には多くの危険が潜んでいる。その中でもっとも怖いのが雪崩である。雪崩は音もなく急にやってくる。ときには、時速百キロ以上のスピードで起きることもある。表層雪崩である。この下流にいてはとても逃げられない。

あるときには、谷間で発生した雪崩が、反対側の急斜面を駆け登り、天辺近くの送電線の鉄塔までも倒してしまったそうだ。その破壊エネルギーは想像以上のものがある。

「春先には表層雪崩が起こりやすい。移動するときは細心の注意が必要で、息さえ殺して野山の空気を乱さないようにすることが必要なんだ」

秀市さんは、春先に武尊山などの険しい山に六十年以上入って熊を追っているが、軽微の雪崩に脚を掬われたことはあっても、身に危険が及ぶような雪崩には遭遇していない。マタギの研ぎ澄まされた感覚が機敏に働いているのであろう。秀市さんは言う。

「春夏秋冬、山のありようを知る。山相（地形）や樹木を知ることばかりではなく、絶えず吹く風を知り、雲を知る。雰囲気、動物の気配をも察知することが必要なんですよ。これらはすべて、自分を守るために必要最低限度の事柄です。ときには野ウサギや啄木鳥（クマゲラ）などの動物の力を借りて、気候を知り、自分の安全を確かめることもあります。

野ウサギは春先、天候がよくなってくると、決まって山の北側斜面に移動する。春先、雪崩になる山の気配を察知しているのでしょう。温度が上がると、木の枝から雪が落ちる。それが雪だるまとなって斜面を転がり、寝ているウサギたちにあたるから、怪我に繋がる危険を予知して、南斜面から北斜面に寝床を変えるんです。本能的に知っているんだな。ウサギが南斜面から北斜面に寝床を変えるときは要注意なんですよ」

さらに聴覚も働かせないといけない。

「啄木鳥が木をたたく音にも敏感に反応しなければダメです。軽く響くような音の場合は、空気が乾き、天候がよくなる。一方、鈍い音がこだますると、天気が崩れるんです」

ラジオや新聞がない山では、山からたくさんの情報を巧みに取りこみ、そして読み解き、自分たちの活動や安全確保に繋げる。それがマタギたちの知恵なのである。

豪雪の山岳地帯は、想像以上に環境条件が厳しい。そこを二日、三日と野宿しながら渡り歩くのである。

「いつも白黒の世界です。何が起こるかわからない、まさに未知との遭遇ですよ。それは熊であったり、雪崩であったり、怪我であったり、気候変動であったりします。常に緊張の連続。ある面、山に命を預けているわけです。不安は常に付き物。不安を恐れては、商売にならないからね。俺は藤原に生まれて、シャバにあんまり出たことないんだけど、出稼ぎで自信もねえとこへ行って仕事するより、俺には山のほうが向いているだいね。俺は六十年間熊捕りを続けたから、いつ死んでも悔いはねえな。自分でやりたいことをやったんだから」

と秀市さんは言い切る。

長年にわたり事故もなくマタギをやってきた自信がみなぎっている。

私は、初夏に、裏見滝や武尊山を挟んで反対側の照葉峡を少し歩き、山道に入ってみた。どこの道から山に入っても樹木が生い茂り、少し奥に入ったら出て来られそうにないくらい鬱蒼とした林になっている。冬は葉が落ちて少しは前方が開けるだろうが、ブナや楢の原生林がどこまでも続いているこの山で、ひとり熊を追っている人がいるとは、実際森の中に身を置いてみて、なおさら信じられない思いがした。

山の雪は春先凍っているため、アイゼンより長い鋲《びょう》の付いたカンジキを履いて一歩一歩山に入っていく。もちろん地理表示などない。原生林の中、自分が立てた目標に向かって、銃と食料を担いで黙々と進む。広い白銀の世界に自分ひとり。目標は穴熊がいる地点、標高約千五百メートル地帯だ。標高が高いため気温マイナス十八度もざらの世界である。寒さよけに顎ひげは剃らない。鬚に氷が張り、首に吹き付けるマイナス十八度の風を除けることができるからだ。そんな極寒の世界で仕事をするのである。

藤原郷の冬山

マタギはどんな寒さにあっても、着の身着のままで過ごす。精神を統一していれば寒さは感じないという。しかも、今のように性能のよい防寒着などない数十年前の時代だ。

「本当に寒くなかったんですか？」

「それが、そんなに寒くないんですよ」

秀市さんからいとも簡単な答えが返ってきた。厳寒の冬である。その鍛え方と精神力には驚くばかりであった。

五、熊捕りに必要なこと

熊捕りに必要なのは熊の気持ちになること、そして、熊の習性をよく知ることであると、秀市さんは常に言う。

秀市さんのもとには、熊のことについて時折、出版社や報道機関から問い合わせや取材がやってくる。十数年前ＮＨＫから、「熊が木に登った姿と、熊の足跡の撮影をしたいから案内してほしい」という話がきた。それも、足尾銅山で撮影したいのだという。

「残雪時なら簡単だが、四月のこの時期は難しいね。それに私は足尾銅山のことは知らないから、地元の猟友会にお願いしてみてください」

秀市さんは一度断った。しかし、

「吉野さんに現地を見て判断していただきたい。なんとかお願いできないでしょうか」

そこまで言うならということで、現地に出かけることにした。

秀市さんは二日間にわたり足尾銅山の地形、山相、森林の様子を歩いて、つぶさに確認した。そして、こう説明した。

「足跡は、斜面と斜面がぶつかった、あの〝どんくぼ地〟（大きく窪んだ場所）で撮れるでしょう。あそこは獣道ですから。〝熊が木に登った姿〟については、朝十時三十分頃と推察できます。あそこの猫柳の木に登るでしょう。木登りの時間については、天候にも若干左右されるでしょうが、まあ大丈夫でしょう」

この指示に従い、取材班は現場に機材を運び、数日にわたって撮影の準備を行った。果たして、秀市さんの予言は見事的中した。ＮＨＫは、木に登った熊の姿と、熊

座敷に並べられた熊の毛皮

の足跡の映像を収録し、その後、十五分番組で全国放送した。

なぜ〝どんくぼ地〟がわかったのか、どうして熊は十時三十分に指定の木に登ったのかを秀市さんに聞いてみると、

「山の地形、山相から熊の通る道、いわゆる獣道がすぐにわかるのですよ。熊の木登りについては、長年の経験からくるデータです」

いとも簡単に言った。そして、こう続けた。

「山の形を見ただけで、熊が生息しやすいかどうかはわかります。あとは、熊の食料がどこにあるか、木に登って見通しのよい場所はどこにあるかなど総合的に判断し

て、的を絞っていくんです」

広い原生林の山中で、熊がどの木に何時に登るかを言い当ててしまうことは、経験からくるものだけでなく、熊の習性を熟知しているがゆえであろう。谷や山を越えていく場合でも、そこを熊が通るのかどうかがわかるから、安心して山を歩けるのである。

秀市さんがこれほどまでに熊のことを熟知しているのは、熊を捕ることに対して非常なる情熱を持っているからだ。人一倍の情熱がなければ、三百頭もの熊は捕れないはずだし、いろいろな困難をも克服はできないに違いない。

六、勇敢な穴熊捕り

先に記したように、藤原には六人ほどの熊捕りの名手がいた。秀市さんがその勇敢さと行動力に特に敬服しているのが、中島続さんだ。秀市さんが捕るのに難しい穴熊を、中島続さんにお願いした時のことである。

秀市さんが声をかける。

「続さん！　昨日少し話した深い岩穴にいる熊の件だけれど、どうかね！」

「入った形跡はどうかね」

「熊のやつ、穴の近くの檜の枝を食いちぎっている。足跡も少し消えかかっているが、穴の方向に向いている按配だな。それに今年は暖冬だから、熊の習性として深い穴に入っているよ」

「それは確率が高いな。でも秀さんが捕れない熊なら、俺では無理だべ。以前何回かやったが勇気いるな」

「武尊山と獅子ケ鼻山に連なる鹿俣山に行く途中、左に折れたところに目的の岩穴がある。ここにはササ穴、トムレン穴など難しい穴があるんだよな。あの穴は深くて難しいんだ。俺には捕れないよ」

　続さんは腕を組んでしばらく考えていた。

「いいね！　やってみよう。秀さん、やってみようじゃないか」

　話が決まり、翌日準備をして二人で行くことになった。

　翌朝早く、武尊山に向かった。続さんは大方の場所もわかっていて、先になって歩いた。健脚で足も速く、秀市さんは懸命についていった。

「どうやって、捕るかだね」

続さんはそれには応えなかった。

「まず穴に行ってみよう！」

秀市さんは、山のことを熟知し、機敏な動作と勇気がある続さんのことを非常に高く評価していた。秀市さんがいつも思っているのは、マタギに重要な素質とは、現場での瞬時の状況判断力だということだ。山のことを知り尽くしたうえで、冷静に、しかも的確に行動をする必要があるということである。今回はそれが試される。

その場所は鹿俣山でいちばん険しい岩穴があるところである。胸を突くような急な斜面を、樹木を潜るようにして進んでいく。

目的地に近づくにつれて、切り立った岩が増えてきた。ところどころに熊が冬眠していそうな穴がいくつもあった。それらを横目に、続さんは目指す穴を探した。

二匹の猟犬も元気よく、二人をガードするように登っていく。

「秀さんが目星を付けているのはどの穴だね？」

「あの高いところに岩穴があるだろう、あそこだよ」

「穴の深さはどれくれぇあるね？」

「少し覗いたが、二メートルくらいありそうだ」

続さんは岩穴をしばらく眺め、何かを決めたかのように少し登ると、中を覗いた。

「秀さん！　いそうだよ。入ってみる。入るときにかなり頭が下になるな、不安定だ」

「そうなんだよ。何かあったら、後戻りに時間がかかって危険だ。ちょっと、穴に入るのは無理だろうよ」

「大丈夫さ、熊公だって入ったんだから、俺だって入れるべ。入ったからには熊公と一対一の勝負さ。俺がやるか、熊にやられるかだよ」

「続さんよ！　入るのは危険すぎるよ。追い出す方法を考えるべーよ。犬を使って追い出すとか。穴に落ちちゃったらとんでもないことになるよ」

「いるとしたら穴の奥だから、物音とか犬の鳴き声では駄目だ。いや、落ちることはないよ。それは大丈夫だ。岩だからつかまるところはあるもんだよ。やってみる」

続さんは笠を脱ぎ、タオルを頭に巻くと、背負い袋（クラゲエア）と毛皮の外衣（ヒダノソッカ）を取って身軽になり、銃を手に持って、岩を登り、頭から穴にゆっくりと入っていった。逆さまになるような格好で少しずつ体を入れていく。秀市さん

岩穴の熊を仕留めた続さん

は固唾をのんで見守った。以前、クロが穴に落ちて、大怪我をしたことがある。ふと嫌な思いが頭をよぎった。

体が穴に半分くらい入ったところで、続さんの動きが止まった。少し間があって銃声がした。続いてもう一回。とどめの一発のようであった。熊の動きがないことを確認して、続さんが穴から出てきた。

「いたよ。仕留めた。ロープで引き出そう」

落ち着いて言った。すごいことをやっても、当たり前のことのような表情だ。捕った熊を前にして、一服のタバコで泰然自若である秀市さんは、命を張った難しい穴熊捕りが、あまりにも簡単に行われたことに唖然とした。

「長年熊捕りをやっているが、これだけ勇気のある人は見たことがない。真っ暗な穴の中では、見えるのは熊の目の輝きだけだ。熊が急に向かってくるかもしれない。危険きわまりない狩猟である。続さんは、たしかに経験は豊富だが、それだけで必ずしも危険は回避できないのが自然の掟である。狭い穴の中で熊と一対一で対峙する、この度胸はマタギといえども驚嘆に価するものである」

と秀市さんは話す。

七、名犬、熊に襲われる

熊捕りには優秀な猟犬が欠かせない。猟犬は人の何十倍という嗅覚を持っているといわれる。穴熊捕りの場合、犬の嗅覚は重要な武器となる。その犬の動向により、猟師は次の行動を決めるのである。

秀市さんは今日、昭和五十四（一九七九）年三月も、クロともう一匹の猟犬と一緒に猟に出かけた。

武尊山の麓、シシガハナに差しかかったとき、クロのようすが忙しなくなってきた。クロは、熊狩りをしてその右に出るものはないという猟犬である。百キロもある熊と立ち向かう勇敢なアイヌ犬だ。藤原地区でも多く飼われていた走狗である。

クロは、ミズナラの倒木の根元の少し盛り上がっているアオリ（穴）の近くを懸命に嗅ぎ回っていた。熊が入っていることを教えてくれたのだ。夕刻近くであったが、これは朗報であった。

しかしクロは、懸命に探すあまりアオリの中に落ちるような格好で頭を突っこんでしまった。もがいても外に戻れない状態になってしまったようだ。クロは頭が下に落ちこんでいるため、逃げようにも逃げられない。秀市さんが助けようとクロに手をかけたとき、クロは熊に襲われてしまった。

「ギャオー、ギャオー」

クロの鳴き声に、秀市さんは慌ててアオリからクロを引っ張り出した。そのときクロの首の周りは血だらけになっていった。クロは「キャン、キャン」と鳴いている。穴熊はクロの騒ぎにアオリから飛び出して、山の上のほうに逃げていった。

クロは、首の周りを切り裂かれた衝撃で動けない状態であった。頸動脈までは達していなかったようだが、傷口は大きく開いていて、かなりの重症である。秀市さんはすぐにタオルで傷口を押さえ、タオルが動かないように紐で結わえて、クロをキスリング（背負い籠）に入れた。頭だけキスリングから出して背負い、すぐに帰ることにした。クロが穴に落ちるようなことは、今までに一度もなかった。穴の周りが軟らかくなっていたのであろう。急いで手当てしないとクロの命が危ない。

三月の夕方は早く暗くなってしまう。今晩は、山で寝るつもりで来ていたので、夕方にこんなことになってしまって、これから帰るにはどんなに早く歩いても、家にたどり着くまでには三、四時間はかかる。これでは夜の十時を回ってしまうだろう。しかし、とにかく早く帰らなければならない。夜の山道を、雪明かりの中、帰るしかない。

アイヌ犬のクロは二十キロ近くあり、背負うと肩にずっしりと食いこんだ。時折頭の位置、足の座り方など、キスリングの中でクロを確認したが、クロは死んだようになって、じっとしていた。

これから笠ヶ岳を越え、照葉峡、湯の小屋温泉を通り、奈良俣ダムの下を経て帰るのだ。約十二キロだろうか。できるだけ短時間で家に着けるよう残雪の山道を懸命に歩いた。秀市さんは山のどこを歩いても、決して迷わない。そこには必ず目標となる川があり、樹木があり、岩がある。これらの位置関係を正確に記憶しているから、二つの目印がわかれば、頭の中に正三角形を描いて自分の位置を知ることができた。

途中、喉が渇き水を飲み、少し休憩した。見えるのは天空の星だけ。雲ひとつない春の空の星は、改めて眺めると、まるで宝石をちりばめたようにきらきらと輝いている。キスリングの中のクロをそっと見ると、目を開けていて秀市さんと目が合った。

「クロ、もう少しだ、がんばれよ!」

クロはじっと秀市さんを見ていた。秀市さんは道々声をかけ続けた。

昼間から歩き続けているため、秀市さんの疲れもさすがに蓄積してきた。クロの優しい目を見たら少し安心して、樹木に寄りかかったまま、少し休んだ。すると、また元気が出てきた。いくつもの山を横切り、最短のルートで道を急ぐ。こんな山道でもへこたれることを知らない秀市さんは、昔、藤原湖マラソン大会でよく優勝した。その足腰が今でも生きていた。親からもらった丈夫な体は、マタギにとってこれ以上ない賜物だ。

家に着いたとき、到着は予想以上かかり時計は夜十一時を回っていた。並江さんは食事の準備をして待っていた。

「クロが熊にやられた。すぐに手当てをする」

秀市さんはクロをキスリングから出した。クロは体中にべっとりと血がついていた。

「あらら！　これは大変だ。お爺ちゃん！　クロはこんな状態で大丈夫かしら？」

「大丈夫だ。消毒用の焼酎を持ってきな。着物用の縫い針と、それに糸もだ」

土間に布を敷いて犬を寝かせた。並江さんはクロの体を押さえた。そして秀市さんは口に焼酎を含むと、傷口に向け霧状にして一気に吹きかけた。傷口が痛むのか、クロは「キャン！　キャン！」と大きく鳴いた。

秀市さんは大きく開いた傷口を針で縫い始めた。クロは死んだようにおとなしくしている。傷口は幅十センチ近くまで達していた。熊の鋭い爪が、クロの首周りをえぐるように傷つけたのだ。

縫い合わせの手当ては約一時間で終わった。縫い合わせ箇所を再び焼酎で洗い流す。打ち取った熊をその場で捌く技術、知識が、今回の事故にも活きたのである。

山で鍛えた体ではあったが、秀市さんはさすがに疲れて、土間でクロと一緒に寝てしまった。翌朝まで秀市さんは、添い寝する形でクロを見守っていた。

秀市さんは、クロが熊の襲撃を受けた日から、しばらくの間猟にも行かず家にいた。看病の甲斐あってか、日ごとにクロは元気になっていった。二週間後には元気に外を走れるようになった。秀市さんの必死の手当てと看病が、クロに通じたのだった。

クロの傷がほぼ治り、山に再び行けるようになったのは一カ月後だった。三月も末になり春の日差しが強くなってきていた。畑の雪はほとんど消えている。

八、マタギの帰巣本能

帰巣本能とは、動物だけではなく、人間にも生まれつき備わっている力だ。日々、山で鍛えられているマタギは、中でも特別に強い能力を持っている。どんな状況に置かれても、家に向かうという行動を自然にとってしまうのだ。この能力をいったいどう表現したらよいのだろうか。

実は秀市さんは、六十年間のマタギ人生で三回ほど、山で道に迷ったことがある。いや、それは「狐に化かされた」と言うほかないような体験だったという。

一回目は、夜七時過ぎ近くになって山から家に帰るときに、武尊山神社のすぐ下のへビ坂で道に迷ってしまった。疲れたのだろうか、家に帰ろうと思って坂道を降りても、また元のところへ戻ってしまう。気を取り直して家に帰ろうとするが、再び元に戻ってしまう。同じことが何度も繰り返された。

「まいったな、どうしよう。さすがに疲れたのか？」

この呪縛のようなものから逃れなくては。ジッと、冷静な気持ちになるよう精神を集中した。意を決して今までとは反対方向に歩いたら、狐の化けが解けて、自分の行く方向がわかり帰ることができたという。深夜零時頃にようやく家に着いた。

あとの二回も、場所は違うが同じようなことが起こったのである。

村人の話によると、狐に化かされて三日も家に帰らなかった人がいたという。そのほか何人もの人が狐や狢《むじな》に化かされており、村では実際起こった不思議な事象として語り継がれている。

厳しいマタギの世界では幻覚症状のようなことが起こるようである。たとえば『邂逅の森』（熊谷達也、文藝春秋社）の最後の文章には、概略次のような不思議な熊との格闘の様子が綴られていたと思う。大熊と闘って熊を殺すが自分も足を食いちぎられ体が傷だらけになって、意識が朦朧とする中、ふたたび大きい熊に出合ってしまうのである。富治は当然もうだめと思ってしまう。富治は自分を殺してくれと熊に頼むのであるが、熊は富治に手招きするだけである。富治の体は瀕死の状態だが熊の跡をついていく。いくつも山を越えてある丘に立つとイク（富治の妻）のいる家が見えるというふうな筋になっていた。

大怪我をして意識を失っても家族の元に帰る。マタギの根性が見られ迫力の終焉であった。熊は神であり神聖な動物であるとマタギたちは言う。富治は熊と闘いやっと勝ったが、最後は神（熊）に導かれるようにして家に帰る。人は最後に帰る家が必要なのである。

つけ加えるならば、この小説でもやはり家族愛が語られ、主人公はいつも家族のことを思いながら狩りをする。どんな厳しい状況でも、最後は自然に足が家に向いている。それは家族に対する強い気持ちがあればこそだ。厳しい寒さの中、マタギたちは家族のためにいつも体を張って自然と闘っているのである。

九、六十年間怪我もなく

秀市さんは十六歳でマタギの道に入って以来、六十年間無事故でやってきた。このことは、他のマタギが真似ることのできないような偉業であろう。

マタギは雪山の中にいる熊を大勢の囲いこみで捕る「巻き狩り」が一般的である。藤原郷では六、七人のチームで行われてきた。必ずしも全員がプロの猟師というわけではなく、他の職業の人で構成されることもある。

その中にあって、秀市さんはひとりで熊捕りをすることが多かったという。単独では非常に危険が伴う反面、行動がしやすく、納得の行くところまで集中して動けるという利点もある。自分ひとりで行うことにより、それだけ多くの収入も得られる。しかし、それには卓越した銃の技術と、どんな厳しい状況でも瞬時に急場を切り抜ける能力を兼ね備えていなければならない。

秀市さんには、熊と向かうときのひとつの哲学がある。

「熊の気持ちになってやることです。熊を捕るときには熊の逃げ道を作ってやる。これが自分の危険回避にもなる。熊だって人間を恐れている。逃げたら、この次捕らしてもらえばいい。その間に、熊だってもっと大きく成長してるしね。そのとき勝負をすればいい」

その場の状況に一喜一憂しないで、泰然自若とした考えの下にいつも行動をしているのである。この精神は、長年熊と対峙してきた答えなのだろうと思う。

秀市さんはさらに続けて言った。

「熊は、捕ろう捕ろうと焦ると、いざ向き合ったとき、危ない正面方向に行ってしまって、怪我に結びついてしまうんです」

この一歩下がったような、ゆとりの気持ちが熊捕り名人ならではだ。

それにしても、経験と知識だけを頼りに、ひとり雪の積もった広い樹海の中をゆくのである。もし何か自分の身に危険が迫っても、すべて自分で解決しなければならない。誰も助けに来てはくれないのだ。計り知れない勇気と自信が求められる闘いである。

常に孤独に耐えながら、必ず獲物は捕れると信じて、家族のことをいつも頭の隅に置きながら、雪のある山や谷をひたすら探索しつづけるのである。

過去の資料などによると、一人マタギの場合、厳しい局面に立ったとき判断ミスで遭難するケースがたびたび繰り返されたという。

熊は危険な動物であるから、近づいてはならないと誰もが言う。しかし、秀市さんはあえてそれに挑む。決して誰も助けてくれない山中、孤立無援の中で熊捕りの業を行うのだ。すべて自分の責任の下に山に分け入って熊と闘う。男の生き様としてこれほど勇気ある行動があるだろうか。

マタギの世界では、一人前の山を知るには十年かかるとされる。勢子でも八年くらいやらないと一人前にはなれない。火熾しには三年必要という。地形を知っただけでは山を知ったことにならない。季節により山の表情は変わる。それを正確に読まなくては、自分の命が危ないからだ。

二千六さんは語気を強めて言った。

「マタギになるには、山を歩いて歩いて、歩き抜かねばならない。そして徹底的に足腰を鍛えなければならない。それも半端じゃ駄目だね。谷を渡り、山を越え、風も通わぬ密林を歩くんだ。ひたすら歩いて山相を知るんだよ」

武尊山や至仏山などへは、急峻の山を一日に何回となく登り、そして下りる。それを繰り返しながら目指す熊穴に向かうのだ。積雪量により、到着が遅くなったり、早くなったりする。表層雪崩の危険を察知して遠回りをしたり、さらにいろいろな気象条件によっても大きく到達時間は変わってしまう。そのとき疲れたからといっても、途中で止めるわけにはいかない。二千六さんは実感をこめて言った。

「〝熊捕り〟は厳しいもんですよ」

危険で、しかも、必ずしも安定的収入が得られるとは限らない熊捕りの世界。そこに足を踏み入れ、六十年という長きにわたって無事故のまま活躍できた秘密とは、いったい何であろうか。その魅力とは？

「自分が推察したとおりに熊がいることが何より嬉しい。しかし、喜びに浸る間もなく、思いはすぐに次の猟へ向いている。次はもっと大きい獲物が捕れるかもしれないと考える。捕れれば楽しい。生活がかかっているから、当然、お金のことも頭に浮かぶ」

一シーズンで三十二頭も捕った実績がある秀市さんでも、一頭も捕れないシーズンがあった。それゆえに決して気は抜かないし、毎日が努力の連続であるとともに、自然との闘いなのである。

冒険家の植村直己さんは、北極などの極寒の大地をひとりで旅した。また堀江謙一さんは太平洋をひとりヨットを走らせ横断した。ともに大変な偉業であり、二人は世界的な著名人となったが、秀市さんの狩りも、目的こそ違うが、自然と向き合うことではそれに匹敵するくらいの厳しいものだと思う。

このような強靭な体と精神を、どのようにして築いたのであろうか。秀市さんは言った。

「病気をしない体に産んでくれたお蔭で、尋常高等では毎年皆勤賞でその後青年部でのマラソン大会ではよく一位になりました」

と数々の賞状を見せてくれた。

「食べ物は嫌いなものはない。何でも食べるんだよ。そして毎日山に行って急峻な崖や原生林などを歩いていると、自然に体が鍛えられたんだよ」

そして熊と向き合う心境を、天井のある一点を見つめるような真剣な眼差しで、その時のことを思い出しながら語った。

「雪山にひとり身を置いて何日間も熊を追って待つ。そして穴から出てきた熊との命がけの決闘となるんだ」

緊張感が最高潮に張り詰めたその瞬間、斜め後ろから撃つ。チャンスは一回。撃ち損じのミスは絶対許されない。銃声が、森閑とした山々にこだまする。一瞬にして闘いは終わる。

今までの緊張が一瞬にして解ける。肩から力が抜け、安堵に包まれる。横たわった目の前の熊を見て、その達成感が体に充満する。

射止めるツキノワグマは二百キロに及ぶこともある。運ぶにしても重いため、翌日、人に手伝ってもらって運ぶか、手足と頭を切断して運ぶかである。

「ときには、熊を獣道で待ち伏せすることもあります。猟銃での捕獲は、写真家が一瞬のシャッターチャンスを見逃さないのと似ているところがあるかもしれない」という。

ちなみに、秀市さんは、過去一回も撃ち損じたことはないと言った。名人と呼ばれる所以である。二千六さんは続けた。

「戦後まもない頃は〝熊の胆〟と呼ばれる胆囊が非常に高価な商品になったんです。昔から胃の特効薬として使われてきたからね。一頭の熊の胆囊が、昭和六十（一九八五）年頃でも二十万円から三十万円にもなることもあった。水分を弾くと共に強い熊の毛皮も高値で売れた。また熊の右手は、中国では高級料理用として高値で販売できた。熊は右手を使って餌（蜂蜜など）を食べるため、料理にはよい味が出ると言います」

熊の胆に関しては、小学生の頃、〝富山の薬売り〟が胃の薬として持ってきていた程度の知識しか私にはない。非常に苦いが、頭痛、気付け、強壮によく効くことで知られていた。

さらに二千六さんは言った。

「この藤原地区を取り巻く山塊で捕獲される熊は、ツキノワグマです。長い冬眠が少しずつ覚めて穴から出てくるときが、毛皮、肉、薬（熊の胆）すべてにとって、いい状態になっているんだ」

「マタギの世界は櫛風沐雨《しっぷうもくう》の中苦労の連続でした」

二千六さんの話をしているときの目は、鋭くもそして優しさも感じた。

いつも、話す相手に対して真正面を向いて話す。厳しい冬山で鍛えた強靭な精神力が言葉の端々から窺えた。まさに言々句々《げんげんくく》であった。

しかし、現在では熊を捕る時代が終わってしまった。熊の価値が下がってしまったのである。胆嚢は現代の優れた薬品開発により、医薬品としての役目をほぼ終えてしまっているようだ。保温、防水に優れ、ヨーロッパへの輸出や日本の軍隊でよく使われてきた熊の毛皮についても、衣料繊維品の発達により、現在はほとんど使われなくなってしまった。熊肉は牛肉などの肉が出回っていない時代には食べられていたが、牛肉が量産され、美味しくしかも安く手に入るようになると、庶民でも食べなくなってしまった。熊肉は鍋物にして食べても非常に固いという。

熊は商品としてその価値がなくなってしまったのである。捕獲も当然なくなってしまった。今では人や作物などに熊の被害が及んだ場合、必要に応じて駆除を行っているだけである。

マタギが本場だった秋田県の阿仁町などでも、マタギを生業にしている人はすでにいないという。今ではときどき猟友会の人たちが駆除のために巻き狩りをやっている程度であるそうだ。大きく時代が変わったのである。

駆除する際には銃も使うが、鉄格子の檻の仕掛けで熊を捕るのが一般的になった。檻の中に熊の好物の蜂蜜などを入れておけばかかる。

あの厳しい冬山での熊捕りも、今や昔話となってしまった。

第四章

夫婦の絆

一、奥さんの奮闘

秀市さんの奥さんである並江さんは、新潟の農家から藤原郷の吉野家新宅に嫁いできた。

並江さんは述懐する。

「結婚当初は、本家の農作業が忙しくて、家に帰ると体は疲れ切ってましたね。六月の田植えどきは、朝暗いうちから田圃に入って苗を植え、月が出るまで働いたもんだよ。田圃も飛び地が多くて、そのぶん仕事は大変でした。猫の手も借りたいほど忙しかったねえ。苗を植えれば、すぐに田の草取りが始まるから。

その時期は、畑の草がいくら取っても生えてくる。取った側からもう雑草が生えてきたと感じるほどでした。毎日が辛かったね。子どもが生まれるまでの数年でしたが、振り返ってみると、あの新婚当初がいちばん辛かった」

並江さんはさらに言う。「それでも私はよくやったよ！」。本家と新宅とは強い絆があり、若い並江さんは小言ひとつ言わずに、それを一身に背負って働き続けたのである。

並江さんは、三人の女の子に恵まれた。下の子どもが幼稚園に行くようになってからは宝川温泉のホテルに勤めた。雪のない間は、約五キロの山道を毎日一時間かけて職場まで通った。冬は特に辛い日々が続いた。吹雪のときもあれば、豪雪のときもあった。

冬の朝、カンジキを履いて家を出る。新雪が二十センチ以上積もっていることもある。誰も通っていない下りの雪の坂道を、スキーのストックをついて慎重に歩いた。三十分も経てば、体から汗が出るほどほかほかになった。迎えの車は、県道６３号線で待っている。

仲間との笑顔の挨拶で仕事が始まる。楽しく働くことができ、毎日が夢中だった。そうして一日の仕事が終わり、帰る時間は夜の十時である。道路はアイスバーンになっていて、普通のカンジキでは滑って危ないため、カナカンジキを履く。ホテルの車に乗って、宝川温泉の専用道路２６４号線から県道６３号線に入り、しばらく走ったところで車を降りる。ここから、家へ続く急な坂道を登らなければならない。

雪道の端には、ひとりの人影がいつも立っていた。秀市さんだ。懐中電灯を持って立っていてくれた。凍っている坂道は危ないからと、迎えに来ているのだった。

「お帰り！」

「ただいま。お父さん、ありがとう！　今日の収穫はどうだった？」

「今日一日歩いたけれど、まったく駄目だった」

「最近、なかなか捕れないね」

「難しいな、熊捕りは本当に難しいよ」

夫から思わぬ弱音が聞こえたこともあった。

二人はそんな会話を交わしながら、スキーのストックを二人で握ってゆっくり雪道を登っていく。並江さんは、夫のこうした優しい行動のお蔭で、毎日の辛い仕事にも耐えてこられたのだと語る。家につくと十時は回っていた。

子どもたち三人は、そんな両親の背中を見て育った。夜遅く働いて帰ってきたお母さんに、長女はいつも言っていた。

「お母さん、お疲れ様！　私たち三人で家事は全部やっておいた。お母さんは何もしないで寝ていいからね」

並江さんはいつも感謝の気持ちで床についた。体は疲れていて、あとは文字どおり寝るだけであった。次の朝はまた元気に起きて、七時には家を出る。

毎日繰り返される雪道の通勤は、強い精神力と体力がなければ挫折してしまう。

夫の熊捕りの仕事は、経済面では必ずしも安定的なものではない。一冬で数十頭も捕れることもあれば、何度山に行っても一頭も捕れない日々が続くこともある。また、積雪の量が半端ではないこの藤原郷で、鬚が兜の面のように凍ってしまう寒さの中行う猟は、想像以上に危険だ。事故のこと、不猟のこと、不安が消えることのない生活。でも、目の前には毎日の生活があり、前に進むしかなかった。

子どもたちが学校を卒業するまでの十七、八年ほど、働き続けることができたのは、家族の懸命の支えと笑顔があったからだ。ホテルの仕事自体が楽しかったのも、長続きの要因だった。

人には言えないそんな毎日の忙しさ、厳しさは、その後、昭和六十（一九八五）年に本格的に始めた「並木山荘」の繁盛へと繋がることになった。

一日も休むことなく働いた。幸い体が丈夫で、入院するような病気にかかることなく働けた。子どもたちは高校、大学を出ると、千葉、横浜、沼田の上牧にそれぞれ嫁いでいった。現在では、毎月一回三人の子どもたちの家族が、代る代る秀市さん夫婦を伴い旅行に行くという。まれな親孝行の子どもたちである。

新潟で生まれ育ち、縁あってこの藤原郷に嫁いできたときは、家庭生活のすべてがゼロからの出発であった。秀市さんはマタギに生涯をかけていた。新婚当時から常日頃、夫が言っていたことを並江さんはよく覚えている。

「大きな熊を捕りたい。たくさん熊を捕って家族が安心して暮らせるようにしたいと思っている。熊のこと、山のことをより知りたい。藤原のダムを囲む山々の自然、自分の庭のように歩き回っているこの山塊は、新しい発見の宝庫だ。そして、熊のことは知れば知るほど面白くて仕方がないんだ。本当の熊の気持ちを知るために、歩いて、そして歩くんだよ」

現実的にはマタギだけでの生活は厳しいから、並江さんは働いているが、働くことはまったく気にしていなかった。むしろ楽しかった。そして、大黒柱の秀市さんの好きな仕事を支え続けた。

秀市さんは酒好きである。飲み屋にもよく行っていた。仲間の猟師たちと飲み、熊捕りの話に口角泡を飛ばして夢中になると、時間も忘れてしまう。

とにかく熊捕りの仕事に関しては一途であった。何事にも非常に几帳面であり、出来事などはすべてノートに付けていた。それゆえに並江さんは信頼しきっていた。いつも気がつくと黙って秀市さんが傍にいて、何かと話しかけてきたものだ。

私が訪ねたときも、事あるごとに「お爺ーちゃん！」と優しく呼びかける並江さん。秀市さんはいつも、それにしっかりと応えていた。二人の呼吸はまさにぴったり合っていた。

「ひとりで熊を捕ることは危険ではないですか？」

と私が問うと、秀市さんは事もなげに言う。

「数人でやっていたこともあったけど、ひとりでも大丈夫だよ」

そこにあるのは、大きな自信だった。山相を知り尽くし、熊の生態も知っているからこそであろう。二人よりひとりのほうが危険度が大幅に増加するが、それだけ大きな収入が得られるという恩典もある。

「お父さんは冬でも毎日、山に行っていた。私も働いていたから、家は両親がほとんど留守しているにもかかわらず、親が懸命に働く姿を見て、真面目な子どもに育ってくれて、本当によかった。私にとって何よりだよ。今は三人の娘たちは嫁いでいるが、子どもたちの成長期だった昭和二十年代、三十年代は戦後の混乱状況も加わって、経済的にも必ずしも裕福というわけにはいかなかった。当時はどの農家にもたくさんの子どもがいたけど、一人ひとりが懸命に行きぬいてきた、という感じだったねえ」

そんな秀市さん一家に、大きな転機が訪れた。

秀市さん経営の民宿「並木山荘」に、スキー客が次第に増えてきたのだ。子どもたちが小学校高学年になった頃のことだ。昭和三十年代後半から四十年代にかけて、スキーブームがやってきたのである。オーストリアのスキー選手トニー・ザイラーが彗星の如く現れ、テレビに登場して以来、あまねく全国にスキーブームが沸き起こったのである。その影響は藤原地区にも少なからず及んだ。私も十代の後半に、トニー・ザイラーのスキーと共にあの軽快な音楽には心躍らされたものだ。

当時、藤原地区の上の原スキー場は、みんなで山の斜面を踏み固めた程度のゲレンデにすぎなかったのだが、藤原の雪は質がよいという評判が加わって、宝川温泉、湯の小屋温泉行きのバスを途中下車してくるお客さんが増えてきたのだ。並木山荘をはじめとする近くの民宿には主に学生が多く宿泊した。翌朝、スキー板を担いで上の原まで行くのである。

昭和六十年代には日本は高度成長を迎え、スキー客は急激に増えた。宝台樹スキー場もリフトが付いて近代的な施設になり、お客さんも年ごとに増えていった。

並木山荘でもそれに合わせて、お客さんに出す料理にも趣向を凝らすようになった。特に夕食は郷土山菜料理が主体となっていた。春先はフキノトウ、ゼンマイ、ワラビ、コゴミなど山菜を煮物や胡麻あえなどにして美味しく食べてもらう。この地方では、コシアブラが美味しく、天ぷらは絶品である。秋ともなればキノコのほかに、塩漬けして保存しておいた山菜などがテーブルに並ぶ。

スキー場に近い上の原一帯は山菜の宝庫だ。並江さんは山に行っては、山菜、キノコ類をたくさん採ってきて、料理をしてお客さんに出していた。そんな並江さんの山菜料理はいつもお客さんの好評を得て、リピーター客も増えていった。

ときには食事後、みんなで居間で車座になり、秀市さんが熊捕りの話をする。並木山荘の名物講義である。まずは秀市さんから質問をする形で、話は始まる。

「〝マタギ〟ってなんの意味か知っているか?」

なんとなく知ってはいても、正確に知っている人はほとんどいない。

危険が伴う熊捕りは、聞き手にとっては未知の世界、非日常の世界だから、興味深く聞くことができる。

秀市さんのことを人は「名人」と呼ぶ。命を張って今までマタギ一筋にやってきた、そんな名人の話は尽きることがなかった。

昭和六十（一九八五）年初めには、今までの住宅用家屋を民宿用家屋に建て直した。一階を食堂、風呂、団欒室として、二階に泊まり部屋を多く造った。民宿経営は順調であった。スキーシーズンともなれば、バス一台分、五十人の宿泊客で賑わったこともあった。

その後も日本は経済成長が続き、多くの人がスキーを楽しむ余裕が出てきた。藤原地区にも当然スキー客は増え、冬は賑わいを増していった。

しかし近年ではスキー客や観光客は全国的に減少傾向にあり、藤原郷でも同様である。バスを借り切ってくるようなスキー客は、今はないという。その一方、困ったことも起きている。熊が住宅の近隣まで出没し、事故が多くなっているという。

私が藤原に平成二十一年の六月末に行ったときにも事故が起こった。入山禁止の地域に入った人が、熊に引っかかれたのだ。お店に寄っても、食堂で食べていても、この熊の傷害事件で村中もちきりだった。

二、山で迷子

それは平成六（一九九四）年四月末の、暖かい日のことであった。

民宿を切り盛りしている並江さんは、買い出しに調理にと、忙しい日々を送っていた。山へ出かける身支度をしている秀市さんに向かって言った。

「お爺ちゃん！　今日も山菜採りに出かけるからね」

「うん、わかった！　俺はひとりで、笠ケ岳方面に行ってくるよ」

そう言って秀市さんは、いつものように山に出かけていった。

並江さんはお客さんを送り出して、家の中の片づけを終え、昼近くになってひとり、籠を背負って山菜採りに出た。目的地は、いつも行く藤原の里より奥にある田代湿原である。春の山はワラビ、ゼンマイ、キクラゲ、コゴミ、ウド、タロッペなど多種類の山菜が採れる場所だった。

その日はゼンマイが草原一面に生えていて、夢中で採っていた。ザルが一杯になるたびに籠に入れていく。何回かやっているうちに、ふと気が付くと辺りの景色が変

吉野秀市さんと並江さん夫妻

わっていた。急に不安が全身を駆け巡る。

（おかしいな……はて？　ここはどこだろう？）

どこを見回しても、知っている景色がない。

辺りを少し歩いたが、見覚えのある景色が出てこない。知っている道が見つからない。歩き回っても山の形がわからない。

（どうしよう！　迷ってしまった。狐にでも化かされたかな？　いつもの場所からそう遠くには来てないはずなのに。どうしてだろう？）

考えてもなかなか答えは出なかった。

ここがどこだかわからなかった。うろうろしながら、時間ばかりが経っていく。

迷った挙句、座り込んでしまった。

（幸い、今日は朝から雨模様だったから、雨合羽を持ってきている。これから夜、少し雨が心配だ……。仕方ない、ここで野宿でもしよう！）

いったんは度胸を決めた。静かな夕暮れであった。どこからともなく啄木鳥が木をたたく音が林の中に響いていた。すき通るような音色だった。

「コンコン、コンコン」

首をうなだれて聴きいっていると、あることを思い出した。この軽い啄木鳥の音の響きは、明日天気になるということなのだ。

（お爺ちゃんがよく言っていた。今晩は濡れずに過ごせるかもしれない。日頃お爺ちゃんの言っていることは、間違いない。これでひとつ安心材料が加わった。ここでじっとしていよう！　明日になれば、お爺ちゃんがここに来てくれるはずだ。それを信じよう。お爺ちゃんは私がこの場に来ているのは多分知っているはず。ちょっとしたことでも聞き逃さない人だから、朝言った一言を聞いていると思う。待ってみよう。明日まで待とう！）

しかし夕方になり陽が陰りはじめると、急に恐怖に襲われてきた。

お爺ちゃんはきっと来てくれる、それだけを信じ続けた。

道に迷ってからどれくらい経っただろうか。お日様は西に傾き、風もない静かな夕暮れであった。ボーッと木の株に腰掛けていた。時間がどんどん経過していく。

並江さんはお客さん商売をしている関係で、いつも思っていることがあった。

〝人はひとりではない。自分の知らないところで必ず誰かが支えてくれる〟

それはいつどのようなときに起こるかわからないが、きちんとした生活をしていれば、人間はそういうことになるのだと思っていた。そんな思いでじっと待つことにした。

すると遠くから人の声が耳に届いた。聞き慣れた声だ。

「あ！　お爺ちゃんだ。よかった。私、よかった！」

大きな声が出てしまった。今までこんなにお爺ちゃんを頼りに思ったことはない。

「お爺ちゃん！　お爺ちゃん！　私ここだよ！」

声のするほうに向かって叫んだ。普段、仕事以外では口数の少ない秀市さんであったが、このときばかりは満面の笑みで言った。

「よかった、よかった！　心配したよ。ここにいてよかった。この場所は虫が知らせてくれたんだ」

「お爺ちゃん！　嬉しかったよ。やっぱりお爺ちゃんは頼りになるわね。今日は少し欲をかいちゃったのよ！　あまり山菜がたくさんあったから、つい来たことのない場所に来てしまって。それにしても、よくこの広い原野の一点を探し当てたね。出がけに、〝今日も〟と一言言っただけなのに」

秀市さんには、長年山で鍛えたひとつの習性のようなものがある。それは音や声を非常に正確に聞き取るというものである。どんなに些細な情報であっても、失敗の許されない狩りの場では、次の行動を選択する際の重要なカギとなるからだ。今回も鋭い勘が働いたのだと思う。

秀市さんは並江さんの感謝に、黙って笑顔で応えると、並江さんが採った山菜の籠を背負い、先になって歩き出した。夜の帳《とばり》が降り始めて、武尊山の山陰はすっかり黒くなっている。並江さんは秀市さんの頼りになる背中を追いつつ、足取りも軽く家路を急いだ。

家では手伝いに来てくれている上牧の娘さんが、ちょうどお客さんの食事を忙しく作っていた。食後、居間のテーブルを囲んで恒例の茶会が始まった。話題になったのは当然、並江さんの迷子のことで、明るい笑い声が夜遅くまで響いていた。

ちなみに、私が並木山荘に宿泊したときも、大変に美味しい山菜料理が出された。

天ぷら（コシアブラ、フキノトウ）、キャラブキ、水菜、ウド、ワラビそして煮込みうどんである。この山菜づくしの料理が都会のリピーター客に人気なのも理解できた。コシアブラの天ぷらは特に美味しかった。

豊かな自然が草木に恵みを与え、動物を育て、そして人間とのバランスの取れた共生が長く続いてきたのである。

三、裸っ子（小熊）の子育て

昭和四十四（一九六九）年の三月半ば、秀市さんはクロを連れて、武尊山の近くの獅子畠山に向かった。雪は少なかったが、地面はアイスバーンになっているので、秋田カンジキをつけての歩行となった。樹木につかまりながら、急な斜面を登っていく。

武尊山周りには二百近い熊の穴が確認されているが、今日行くところには、以前より目をつけていた熊の穴倉がある。一月の末に来たとき、熊の足跡を確認していたのである。ようやく現場に着いたときは、足跡は当然消えていて、辺りを見ても熊が入っている雰囲気はなかった。

しかしクロは鼻を鳴らして、倒れかかった老木の根元の膨らみの穴を探っている。その様子から、ここに熊がいることが秀市さんにはすぐわかった。ほどなく熊の足跡も確認できた。ここ一日、二日で熊が穴から出そうな雰囲気だ。今晩は焚き火をして、クロと一緒に寝て、明日の朝追い出す作戦を実行することに決める。

翌朝は天気がよかった。いつものように、枝のついた檜の棒を入り口の下のほうに差しこみ、マタッギを立てて、銃を入り口から斜め後ろ三十五度くらいに構え、熊が出てきたら撃てるようにした。クロを木の周りで吼えさせ、追い出しにかかる。

が、なかなか出てこない。始めて二時間以上が過ぎた頃、穴の中で動きがあった。

最初に熊の手が出てきて、穴倉の入り口にかかった。全身に緊張が走る。熊がいつもどおりの行動を取ってきそうだ。息を凝らして次の動作を待つ。

次に鼻、耳と出た瞬間、熊の頭の中である耳を狙って、銃が「バーン！」と火を噴いた。熊が前のめりの状態でドスンと斜面に転がり落ちる。一発で仕留めた。狙いどおりだった。この瞬間は何回経験しても緊張する。射止めることができて胸をなで下ろした。熊が入っていた穴の中を確認すると、小熊が二匹産み落とされていた。裸っ子（生まれたばかりの小熊）であった。熊は危険を察知して穴から逃げ出すとき、自分の身を軽くして早く逃げるため、子どもを産み落として逃げようとしたのだ。これは熊の習性でもある。

ただ、秀市さんにとっては初めてのことであった。

（〝この裸っ子〟を連れて帰ろう。そして母熊の供養も含めて育てよう）

そう決心した。

今日はとりわけ冷える。ネズミくらいの大きさの〝裸っ子〟をタオルで包んで懐にいれた。打ち取った熊の傍に、いま撃った薬きょうの殻を置いてすぐに帰ることにした。薬きょうの匂いは雑食の熊をはじめ、動物が嫌うのである。

気温はマイナス五度近い。早く帰らないと、裸っ子は寒さにやられてしまう。武尊山からは二時間ほどで帰れる。急ごう。クロと一緒に家路を急いだ。

夕方家に着くと、とりあえず小さな段ボールを用意して布切れを入れ、暖房の効いた部屋に置いた。目が見えない〝裸っ子〟は、段ボールの中で盛んに動きまわっている。並江さんは手伝いに来ている娘に言って、すぐに哺乳瓶と乳首を買いに行かせた。

明日は、人手を使って今日捕った熊を山から下ろさなければならない。秀市さんは近所の二千六さんらに手伝いを頼んだ。そして熊の取引業者にも連絡を入れた。

藤原郷では、最近では捕った熊はそのまま業者に引き渡すのである。今回の熊は重さ六十キロ近い若い母熊で、高い値段になることが見こめ、秀市さんは上機嫌であった。

「お爺ちゃん、小熊はこれからどうするの？」

「家で七十日ほど育てて、宝川温泉の小野（伊喜雄）社長に、お願いしてみるよ」

「生き物は大変だね。大丈夫かしら？」

「仕方ない。親熊の身代わりだと思って大事に育てたいんだが……。並江、少し面倒をみてはくれまいか」

並江さんにとっても初めてのことだ。不安げに熊の赤ちゃんを見つめていた。

「お爺ちゃんのお願いじゃ、やりましょう！」

〝裸っ子〟の世話は、妻の並江さんが見ることになった。

近くの雑貨屋から竹籠を買ってきて、その中で育てることにした。寒さによって無駄な体力の消耗をきたさないように、籠の端には湯たんぽを入れて暖めた。

お腹が減ると「ギャーギャー」と鳴くので、粉ミルクを温かいお湯に溶かして与える。それも、昼夜問わず、約四時間おきにやらなければならない。

飼い始めて一週間後のこと。秀市さんが夕刻、山から帰ってきた。

「ただいま!」

返事がない。

「並江!　いるのか?」

いつも元気のよい返事が返ってこない。並江さんの姿が玄関になく、少し変だと思った。マタギ装束を一つずつ外し、秀市さんは上がり框《かまち》から寝室に入っていった。

並江さんは布団を被って寝ていた。多忙なときには、沼田の上牧に嫁いでいる長女が手伝ってくれているが、あいにく今日は来ていなかった。春先のスキーシーズンでもあり、並江さんはここのところずっと仕事に忙殺されていた。

民宿の切り盛り、それに熊の世話など疲労が重なり、風邪をこじらせて寝こんでしまったのだ。夜もときどき起きて熊の世話をしていたが、一言も愚痴を言わない並江さんは、小さな体をコマネズミのように動かし続けていたのだ。

幸い今日は春分の日の連休明けで、お客さんがひとりもいなかった。秀市さんは、寝こむまで働いている妻に頭が下がる思いだった。その夜、並江さんは久しぶりに「熊の胆」を飲んで、汗をびっしょりかき、ぐっすり眠った。翌朝は熱も治まり、すっきりした元気な表情で、もう厨房に立っていた。

昨夜の熊の世話は秀市さんがした。夜中、小熊に鳴かれるとミルクをやらざるを得ない。寒い真夜中に、熊のミルクやりは大変だ。妻の辛さがよくわかった。

四月の半ば頃には、二匹の小熊は家の中を歩き回るようになった。大変なのが下《しも》の世話である。オシメをしょっちゅう替えていないと、たちまち臭くなってしまう。

家の中を動き回る二匹は、スキーのお客さんたちの人気者となった。二匹を膝に抱っこしていると、まるで子犬のように引っかいたり舐めたりして、その仕草が疲れを癒してくれた。

しかし、生き物の世話というのは予想以上に大変だった。秀市さんは妻の健康をおもんぱかり、小熊の世話や買い出しなどを率先してやるようにした。熊捕りは最小限にして、小熊を手放す五月半ばまでは家のことに専念しようと決めたのだ。

そして時間を見つけては、小熊の行動をじっくり観察していた。マタギにとって、これは得がたい機会であり、大事な仕事であった。

小熊と秀市さん

「お爺ちゃん！　熊ばっかり見てないで、少しは家の掃除をお願いできないかしら？」

並江さんの声が飛ぶ。

「熊捕りは熊の生態を詳しく知らねばならないのだよ」

秀市さんはしぶしぶ居間の片づけを始めた。一段落すると、また真剣に小熊を観察し始める。

「熊は家の中を歩き回っているだけじゃないの？」

「違うのだな。どういうタイミングで寝て、そして起きるか、引っかく動作など、観察箇所はたくさんある。このことは、必ずや次の仕事に結びつくのだよ。大切な観察なんだよ」

「そういうものなんだ」

並江さんは、この観察力が山のあらゆる情報収集に繫がっているのだと思った。夫は啄木鳥が木をたたく音も、山の空気、空の雲などの変化も決して見逃さないと常々言っていた。自然に対する研ぎ澄まされた夫の感覚は、並江さんが思った以上のものであった。

「お爺ちゃんが家のことをやってくれるので、体が楽です。ありがとう」

並江さんの口から温かい感謝の言葉が出た。これに対して、秀市さんは黙って妻の言葉を聞いて何も言わずに、小熊の籠の敷物を取り替えていた。

小熊は日ごとに大きく成長していった。二カ月を過ぎて、このままこの家に置くことはできないほど大きくなったため、以前から話をしておいた宝川温泉で飼ってもらうことにした。

四、熊捕りの楽しさ

秀市さんにとっては、山が仕事場であり社会である。秀市さんは時間を見つけては山に出かける。このところまったく熊が捕れないのだ。

マタギの仲間内では鉄則のような言葉がある。

「人は山を歩いた数だけ、山を知ることができる。山のことは山に教われ、獣のことは獣に教われ」

そしてこんなことも言われる。

「熊の行動を知るには熊の組合に入らなければならない」

山を歩いているといろいろな表情で山は迎えてくれる。

それは英市さんにとって記憶に残る、昭和三十（一九五五）年の春であった。三月の息吹がそこここに感じられるとき、木々の芽吹きが始まるとともに小動物が動き始める。小鳥も鳴き始める、躍動感を感じる季節だ。カンジキがサクサクと軽い音を立てて少し木霊《こだま》する。山にいる自分の存在が確かめられるようだ。

最近は、よい熊の住処といわれる武尊山の山塊を中心に、毎日のように歩いている。この付近は木の実が豊富で、二百近い熊の穴がある。その点からもいい狩猟地域だ。

今日は行者ころげの岩場の岩穴を目指すことにした。手小屋沢を渡り、急な雪の斜面を木につかまりながら赤倉ノ頭へとゆっくり登っていった。この斜面は山の北側に当たり、雪も多いが近道だった。日の当たらないこの斜面に、なぜかウサギが巣籠もりをしていたのが気にかかったが、しばらく歩いて武尊山の登山道に入り、南斜面に移った。

山の南斜面には日が当たっていたが、まだ雪が相当残っていた。その中をカンジキで歩いていく。そのとき、木の枝から落ちた雪が野球ボールのようになって山肌を転がり落ちていった。自分に当たりそうになった。そうだ、ウサギが北斜面にいるのだから、雪崩の兆候かもしれないと思い、早足に斜面から逃れようとした、そのときである。あっという間に小さい表層雪崩が起こった。秀市さんは巻きこまれて十メートルほど流された。幸運にも、足を掬われた程度で怪我はなかった。

「助かった！　よかった。今日はついている」

ようやく目的の穴に近づいてきた。いつもと同じように、今回の獲物はどんな大物かと胸を膨らませる。しかし目的の穴からは一向に熊のいる気配がしない。岩穴に首を入れて熊がいるかどうか確かめるが、駄目であった。そんなことが一カ月も続いた。

熊は福島県の檜枝岐村から至仏山、武尊山、朝日岳の広大な一帯を行ったりきたりしている。今年は武尊山の近傍の寝床を他に替えているのかもしれない。

次の日も武尊山近くで野宿しながら穴熊を探した。時が経ち、マンサクの芽も膨らんできた。いつもならば、熊がそれを舐めるために穴から出てくる。もう出てきてよさそうなものなのだが……。熊の姿も一向に見かけない。

今年になって一頭も捕獲していない。焦っていた。家に帰っても塞ぎがちになってしまう日が続いた。飲み屋に行く回数も多くなり、酒の量が増えた。飲み屋の借金も嵩んでしまった。ストレスもたまる。夜遅く家に帰り、妻の並江さんに言った。

「明日は休みだ！」

秀市さんは帰るとすぐに一杯のお酒を飲んで寝てしまった。しかし翌日になるとマタギ装束に着替えている。朝起きて山の景色を見ると、自然に気持ちが山に向かうのだ。

すると並江さんから声がかかる。

「今日は休むんじゃないの？　もう八時を過ぎたよ。遅いよ」

山に出かけるときは、いつも六時過ぎには家を出るのである。

「今度は捕れるかもしれない。遅くなったが出かけてみる。今日は裏見の滝から、獅子ケ鼻山、剣ケ峰方面に行き、以前、気にかけていた穴を見てみようと思う」

いつも〝今日は捕れる〟と言って出かける。今朝もいつもと同じ台詞である。しかしこのように思わなかったらやっていけない。

四月になり猟期が終わりに近づいていた。多くの木に新芽が吹いていた。動物たちも活動する季節になった。しかし谷間《たにあい》にはまだ残雪が多い。雪を避けるように平らな林を歩き、少し山坂に差し掛かったとき、前方の遠い木の上に黒いものが三つほど見えた。なんだろう、熊かもしれないと目を凝らした。よく見ると親子熊だった。心臓が高鳴った。今年はまだ一度も引き金を引いていない。

親熊に感づかれないように、斜面の下のほうから、少しずつ近づいていった。熊は三頭とも猫柳の木に登って新芽を盛んに食べている。長い冬眠が終わり、お腹が空いていたのであろう。無心に食べているためか、こちらに気づいていないようだ。秀市さんにとっては千載一遇のチャンス。福の神はいたのである。緊張と期待とが交錯する、いちばん楽しい瞬間である。

三メートルほどの高さで、熊は木の股に座っていた。お日様は高く、時間は十時三十分過ぎであった。このとき思ったのは、熊が木に登って食べる朝食は大体これくらいの時間なんだということであった。

親熊の比較的下のほうに回りこんで、姿を見られないようにしながら、距離にして三十間（約五十メートル）まで近づいた。熊の正鵠《せいこく》である「月の輪」を狙って冷静に引き金を引いた。見事に当たり、熊はドスンと木から落下した。次々に撃ち落とす。今年になってまったく捕れないでいたが、最後になって三頭もの収穫とは、嬉しい限りであった。

「こんなことがあるから熊捕りはやめられない」

何十年やっても、このときばかりは格別である。自然と妻の顔が浮かんだ。妻に喜んでもらうのが何よりの励みであった。自分を支えてくれる妻がいなければ、こんな危険な思いをしてまで、ひとりで長年マタギはやらないであろうと正直思っていた。

今日の収穫は大きい。これは武尊山からの贈り物である。山の神に感謝した。

「これで飲み屋の借金も返せる。今日遅く家を出たのは正解だった」

熊が木に登っているタイミングで出合えたことは、まさに幸運であった。

小熊を肩に担いで、一度も休むことなく家路をたどる。残りの二頭の運び出しは人に頼むことにした。暑くなってきた春の日差しを受けて、汗びっしょりになって山を

3頭の熊を捕った秀市さんと猟犬クロ

下る。

家に着くと、

「おお！　今日は捕れたね。今年初めてだよ。よかった！　よかった！　何、三頭も捕ったのね。これはすごいね！」

並江さんは庭先で山菜の手入れをする手を休めて喜んでくれた。秀市さんにとって、妻の大きな喜びの声がいちばん嬉しく、そうして認めてもらうことが明日への励みになった。これがなければ熊捕りなどやっていけない。家で家族が待っていてくれるから、厳しい寒さでも、何日間一頭も捕れなくても、諦めることなく挑戦できるのである。

これまでにも何回となく繰り返されてきた、庭先での妻との喜びの光景であった。

第五章

藤原郷散策

広い藤原郷には、楽しく魅力的なところがたくさんある。

全面積の七割近くが人の住んでいない山林だ。秋ともなれば紅葉が美しく、利根川源流域（藤原湖、八木沢ダム湖、奥利根湖）、照葉峡、湯の小屋温泉、そして宝川温泉などに多くの観光客が訪れる。

宝川の渓流の音を聞きながら日本一大きいといわれる露天の宝川温泉に浸かれば、時の経つのを忘れてしまう。野趣溢れる憩いの場である。

谷川岳一の倉沢へと続く新緑と紅葉を愛《め》でながらの散策も、おおいに楽しめるものだ。

夏には緑の森に囲まれた〝やすらぎの森自然花苑〟〝宝台樹キャンプ場〟などがあり、多くの人が自然を満喫しにやってくる。

奈良俣ダムの水辺では、毎夏に利根川源流まつりが盛大に催される。藤原の魅力が紹介されるとともに皆で楽しむ祭りである。私が平成二十一（二〇〇九）年の夏に訪れたときは、大勢の人々で賑わっていた。

山々に囲まれたこの広大な藤原の里は、いろいろなことが楽しめる場所なのである。昭和時代には名人、達人といった立派な人物も多数輩出した藤原郷である。その要因としては、当時の人たちは、この里での生活することがすべてであるという環境下で、山とともに生きる苦労を厭《いと》わない生活信条を携えてきたのだ。

そんな人々が生活してきた自然には、たしかに有無を言わせぬ厳しい面もあるが、同時に、その自然の姿はまことに人を魅了するものがある。その一端を紹介したいと思う。

一、利根川源流の紅葉

十月半ば、友人たちと車で照葉峡に出かけたときのこと。

関越自動車道の水上インターを降りて、国道291号線でJR水上駅近くを通り、湯檜曽から奥利根湯けむり街道に入った。藤原郷に入る最後の信号〝粟沢〟を左折して、紅葉が進む山道を進む。急な坂道を約十分ほど登り、藤原湖に向かう。途中、原生林の大木に山道が覆われ、暗くなっていた。

急な坂道を走っていくと、藤原湖周辺では紅葉が始まっていた。ときどき湖面に浮かぶ美しい紅葉が目に入ってくる。湖のほぼ中央に架かる橋を渡って、湖沿いに宝川

藤原湖に映る錦秋の木々

温泉方面へと車を進める。山間の田畑が長閑な風景をつくっていて、点在する家々を見ながら坂道を登っていく。

ところどころにある紅葉が、藤原湖の湖面に映り、まるで一幅の風景画を見ているような気分になる。しばらく利根川縁を走り、宝川温泉の赤い橋を左手に見ながら先へと進む。利根川の岸辺では、斑《まだら》の紅葉コントラストが見事であった。朝の早い時間だったため、薄い靄がかかり幻想的である。変化に富んだ谷や川の風景が、車窓に借景となって次々と現れてくる。さらに利根川に沿って走ると、急峻な山の斜面の紅葉は今が盛りとばかり彩りが鮮やかであった。

どの角度から見た風景も、計算され尽くしたような構図となって、見る者の網膜に焼き付く。どこでシャッターを切っても、見事な写真が撮れそうだ。

さらに利根川の源流に沿っていくと、目の前に高さ百メートル近くはありそうな白い石垣の大堰堤《えんてい》が現れた。平成二年に完成した新しい奈良俣ダムである。このような山奥に、よくもこれほどの大土木工事をやったものだと、感心してしまった。車窓に迫りくる紅葉の美しさを堪能しながら、湯の小屋温泉に出た。

湯の小屋温泉と言えば、入口に樹齢千年以上と言われる「千代の松」の大木がある。その近くに住む農家の一人娘、安達しず子さんが有名である。物知りで話好きの人で誰からも好かれ、〝松木のおばさん〟との愛称で慕われているという。そんな湯の小屋を右手に見ながら照葉峡に向かった。

二、錦秋の照葉峡

照葉峡へのルートは、藤原湖を過ぎた奈良俣ダムのさらに奥地で、尾瀬ケ原湿原に通ずる途中に位置する。武尊山と至仏山の中間を流れる〝湯ノ小屋沢川〟を中心とした照葉峡の渓谷美は見応え充分で、特に、十月中旬前後に全山が紅葉に染まる一大スケールは、他には類を見ない絶景と聞いていた。

湯の小屋温泉を過ぎると道は登りの坂道に差しかかる。民家はなくなり、峡谷に入ったことが実感できる。

道路脇に、細長い赤と白のまだら模様の棒が立っていた。降雪時の道路位置標識である。この土地が豪雪地帯であることがわかる。冬場は、雪が軒下や二階まで積もるという。

山道を車で登っていくにつれ、木々の紅葉が次第に深くなっていく。

〝照葉峡（てりは峡）〟の標識を目にして、その入り口に差しかかったことを知る。四寸角くらいの木材の標識に、その名が大きく書かれていた。照葉というと文字からして、照葉樹林（常緑広葉樹を主体とした樹林）が思い起こされる。カシ、マテバシイやシロダモなどの広葉樹が多いように思えたので、それでだろう、と考えたが、必ずしもそうではないようである。そして照葉峡という名前も非常に印象的だった。

この照葉という名称は、昭和初期の俳人水原秋桜子《しゅうおうし》が付けたという。地元の人の話では、山間を流れる川面が照り返す太陽の光が、木の葉に当たって輝く情景を表している、とのことだった。この谷に流れる小川は、武尊山と至仏山などの山から流れ出てきている。せせらぎを作り小さな小川となり、木漏れ日の中、さらさらと爽やかな音を立てて静かに流れていく。

小さな滝の傍には、青い笹の葉と周りの黄色い木々の葉が、まるで絵の具で描いたような構図を作っていた。木の葉が光り輝く六月には、照葉の意味を教えてくれているようだ。川の水量も増え、緑の葉で一層川の流れがいきいきとして、川の側にたたずむと新鮮な空気が優しく迎えてくれるという。

車を進めていくと、道脇の崖の上から道路に伸びた、真紅のナナカマドの木が一本あった。その鮮やかな彩りに自然と視線を奪われた。赤は人の目をひきつけるものがある。万緑叢中紅一点の趣であった。

道路の両脇の紅葉を堪能しながら、照葉峡の中心広場までやってきた。三十台ほど駐車できる駐車場があり、すでに五台ほどが止まっていた。われわれもそこに車を止めて昼食をとることにした。

天候はくずれ出し、今にも泣き出しそうな空模様だ。しばらくすると、雨がパラついてきた。早めに昼食を済ませようということになり、雨交じりの寒空の下、少し腐りかけた木の椅子に座って、来る途中で買った幕の内弁当を広げた。

中身は椎茸やサトイモの煮物、芋の天ぷら、ウズラマメなどで、ご飯は冷えているが大変美味しかった。小雨が肩を濡らしていたため、食後のスケジュールを思案した。さすがに山奥だから、気温も七度と非常に寒い。しかし、熱い缶のお茶で両手を温めていると、少し気持ちが明るくなってきた。

しばらくすると、幸いにも雨は上がってきた。いよいよ〝名勝照葉峡〟の散策である。

この付近はマタギが熊を追って歩き回る山深い場所であり、また、木こりたちが材木を切り出し、トロッコで運搬する場所でもある。話によると、木こりたちは秋田や紀州から出かせぎにきていたようである。

春浅い厳しい寒さの中この深山幽谷に、分け入っていくのかと思うと、それだけでマタギの厳しさが窺える気がした。

我々が訪れた十月の半ばはもう寒く、手袋を嵌めてマスクを掛け、用意してきた長袖の上着を着こんで散策路に入った。ダケカンバやブナ、ミズナラなどの大木が並ぶ林の中に延びた小路の落ち葉を踏みしめ歩を進めた。最近作られたコンクリートの橋とともに、苔むした古いコンクリートの橋もあった。足下を流れる湯の小屋沢川は清流で、小さな滝をいくつも作り、蛇行しながら少しずつ水量を増し、下っていく。照葉峡には十一ケ所の小さな滝がある。山彦の滝、白竜ノ滝、岩魚の滝などだ。いずれの滝も趣があり、散策にも足を止めてゆっくりと眺めていると、都会の喧騒を忘れさせてくれる。そして藤原ダムに流れこみ、やがて大河、利根川に繋がっていくのである。

黄色く色づいた葉の木々が、小川に覆いかぶさるように垂れ下がっていた。

質朴とした空気の中、吉野勝さんが話してくれた。

「その昔、ここにレールが敷かれていて、トロッコで木材の運搬を行っていた。親父たちは、木材をトロッコの上に山のように積んで、山道を下っていったんだ」

トロッコ軌道跡は、照葉峡から湯の小屋温泉、洞元湖、宝川橋を通り、藤原湖まで続く。十七、八キロほどの距離だろうか。乗用車がセカンドギアでやっと下れるような急斜面を、トロッコが木材を積んで降りていくさまは、なかなかの壮観だったろう。

「藤原郷での主な仕事は木材の切り出し、炭焼き、マタギ。いずれも厳しい山男の仕事だ。親父はそのトロッコで大怪我をした。カーブを曲がり切れずに、材木ごと横転して下敷きになったんだ。怪我はしたが、奇跡的に命に別状はなかった。しかし、右足を失ってしまった」

トロッコの横転で挟まれた右足には、山のように木材が載っている。あまりの痛さに「もう死んでもいい！」とすら思ったという。しかし、なんとかしなければというその思いが、のしかかる木材を必死にのけていた。足の感覚はまったくなく、気力でやった。木材を足の上から取り除いてホッとするや、気絶状態となってしまった。

それからどうやって家にたどり着いたか、まったく覚えていないという。仲間に助け出されたのであった。厳しい寒さの中、出血もあり、もう少し救出が遅れたら命の危険も高かったことだろう。その後は、失われた右足に義足をつけて、林業に専念したそうだ。男の仕事に対する気迫を感じる。

湯の小屋の土場で、四十石から五十石もの用材をトロッコに積み、急なトロッコ道を下るのである。それも、木材のテコを使い麻縄で車輪の速度を調整しながら下るのである。レールと車輪の間には木の葉や小石が挟まり、事故に結びつくような危険な状態が幾度となく起こったという。

吉野勝さんは父親が働いていた頃のトロッコ軌道跡を眺めながら、感慨深く語った。

「親父は家族のため、危険な山仕事をやり通した。今はなきトロッコ軌道の朽ち果てた枕木は、昔の林業の厳しさを伝えているように思える。困難を極めたようだ」

吉野勝さんのお父さんはそれに耐え、家族を支え、そして山を護ったのだと思う。

このような人がいて林業が、そして治山治水が保全されてきたのだ。生涯一途に、林業を全うした見事な生き様である。昔からよくいわれる言葉に、『男子生涯一事をなせば足る』が思い起こされる。

山間地である、みなかみ町藤原地区も十五カ村の入会であったが、各村とも「田畑すくなき場所につき山稼ぎ渡世」だった。山稼ぎには木挽き、材木切り出し、薪、炭焼き、下駄づくり、紙漉きなど、いろいろな作業があった。

藤原郷は明治の末から昭和二十（一九四五）年まで、炭焼き村であった。

女子供は炭俵を作り、男たちは山で炭焼きを行った。各地から炭焼き職人が集まり、豪雪の時期にも炭焼きの煙が棚引いていたという。女子供は十キロ以上の道のりを炭を背負って、木炭を水上の町まで売りに行っていた。

吉野勝さんは藤原育ちでもあり、過疎化の伴う農業、林業にもいつも腐心している。吉野勝さんの話が続いた。

「現在では、林業で生計を立てている人はここにはいないよ。安い外国材が入ってくる今、若い人は後を継ぐこともない。だから山の手入れも充分にできていないわけさ。村の高齢化も進んでる。建築材に使われる杉や檜の間伐や下草刈りなどが行われなくなったせいで、木の成長もまた損なわれているんだ。雑木林と違って、植林された杉や檜は間引きを行って、根元のほうに太陽の光を入れるようにしないと、やがては全滅してしまうという。逆に言えば、いま間伐をやれば、森は再生できるということさ。国としての早急な対応を待ち望んでいるのは自分ばかりじゃないと思う。外材の輸入は地球環境の問題にも結びつくといわれているしね。海外から船で輸送するだけでも、環境負荷は大きくかかるというわけさ。日本の豊かな木材をもっと活用することが、国土を守り、また環境に優しい対応をすることにも繋がるんだと思う」

このような環境負荷を低減する考え方は、大変に重要だ。個々人がいつも環境問題を考えていることが、負荷低減に繋がるのだと思う。さらに勝さんは続ける。

「今少し振り返ってみると、その昔盛んだった炭焼き、養蚕、木材搬出などの村独自の現金収入が、戦後の経済成長に伴って急速に消えていったのは大きいと思う。マタギについても、平成に入ると需要が減ってきて、今ではすっかりマタギの姿も見なくなってしまった。これまで村内では、農林業が主体で収入を得て生活をしてきたが、それらができなくなって、村民の収入源は限定的なものになってしまった。藤原郷に限ったことじゃなく、多くの山村に共通して言えることだろうけど。でも、今藤原郷では、観光に、スポーツに、レジャーに多くの人が訪れ、村の大きな支えになっている」

そんな山のあり方についての話を聞きながら、素晴らしい紅葉の中、歩を進める。〝イオン濃度4053個／cm^3〟と書かれた標識を見ながら、林道を下った。この辺りは落葉樹とともに広葉樹も多い。川辺にはトチノキの大木がところどころに見え、持ち主の名前も付けられ、村で大切に育て護られているようであった。

約二キロの山道を下り、照葉峡の入り口まで戻ってきた。付近には整備された広場があり、メタセコイアの大木が天を突くように屹立《きつりつ》している。茶褐色で、傘を少しすぼめたような形をしている。なぜか非常に目立つ存在である。照葉峡のシンボルツリーにしたらよいのではないかと思えたほどである。このメタセコイアの木を中心に、一面見事な黄葉であった。この黄金色の山に向かって私は両手を広げて、バンザイをやってしまった。そして、この素晴らしさを誰かに伝えたい気持ちにもなった。

昔の林業のことを思い出しながらの散策だった。

川べりの石に腰掛けて一休みをした。そこで今度は友人が話を切り出した。

「そうだよ。日本の農村地域の高齢化はすごいスピードで進んでいるよ。山を支える集落の人的潜在力も、もはや限界にきているんじゃないか」

「この藤原も、何軒もが空屋になっているようだよ」

まさに然り。子どもが少なくなり、多くの村の存続が危惧されているのが日本の現状なのである。日本全国で限界集落（六十五歳以上の高齢者が人口の五十パーセント以上を占める村落をいう）といわれている村落は、七千八百近くもあり、そのうち十年以内になくなる村落が四百に達するというのである。日本はこのままいくと大変なことになってしまう。

同様の現象はヨーロッパでも見られるという。その対応としてフランスでは、NPOが中心となり、都市に住んでいる人で農村に住みたい人を積極的に受け入れようという環境整備がなされている。このシステムにより、近年、村の若者が徐々に増えているという。都市で働く多くの人が、都市での生活では自分の存在感を実感しにくいと感じているからだという。頷けるところがある。

若い人が山村で生活できるような方法を、国をはじめ各行政が考える必要があるのではないか。たとえば最近、中国・四国地方で、家を無償で提供して、村民税を無料にし、若い夫婦を呼びこんでいる例が報告された。

日本でも北欧と同じく観光税を導入してはどうだろう。その税により電気、ガス、水道、電話など生活に必要な費用の面倒を行政が見る。いろいろ問題は出てくるかもしれないが、まずはやってみないと何も始まらない。

そんなことを考えさせてくれた散策であった。

低い木々の間から流れ出る小川は、あるときはたおやかな流れになり、またあるときは一条の滝となって、照葉峡に豊かな風景を作り出していた。

三、宝川温泉の魅力

夏の行楽シーズンが終わり観光客も少なくなった九月初め、秀市さんとともに宝川温泉の会長小野伊喜雄さんを訪ねた。藤原郷にまつわる話を聞くためであった。宝川温泉の骨董品陳列回廊の一角にある喫茶室に案内され、清流を見ながら話を伺った。かつて、宝川温泉の父とも言うべき嬉与三さんと秀市さんには交誼があり、それもあって明るい雰囲気で話は始まった。

宝川温泉は、水上温泉地で湯原、大穴、谷川、湯檜曽と並ぶ温泉である。やはり昭和六(一九三一)年に上越線が全線開通してから、大いに栄えるようになった。発祥はその昔、日本武尊《ヤマトタケルノミコト》がご東征のみぎり、山頂から上越の山々を望まれ、谷間より白鷹の飛び立ったのを認め、宝川温泉発見の端緒となったという言い伝えがある。

この温泉の開発には小野嬉与三氏に負うところが大きい。大正十一(一九二二)年、宝川温泉及び付近一帯の山林を買収して、嬉与三氏は開発に着手した。この地域には江戸時代中期頃から人が住みつきはじめ、古くから湯治場として浴客もあった。しかし水上から二十キロも離れているため、往来は徒歩か駄馬に頼らなければならず、観光客の数はおのずと限られた。そこで嬉与三氏は道路を造り、橋の建設計画を立て、群馬県の協力の下に完成させたのである。

後に、藤原ダムの建設によって自動車道もより拡充し、藤原湖にボートが浮かぶ時代になった。嬉与三氏が事業を始めて三十有余年が過ぎていた。

昭和二十二（一九四七）年のキャサリン台風による甚大な被害からも見事に復興させた。増築もして、観光客に「熊の芸」などを見せるアトラクションなどを取り入れ、現在の名湯・宝川温泉に作り上げたのが嬉与三氏の息子小野伊喜雄氏であり、藤原地区の開発、夢の郷の実現に心血を注いだ半生だった。

私たちは、その小野伊喜雄さんに会いに来たのである。

「宝川温泉の創始者である父小野嬉与三は執念を貫いた人でした。群馬県でも、政界に顔が広く著名人でした。私欲がなく、日本で最初の露天風呂などの施設を造りました。一生懸命にやりましたが、しかし利益は必ずしも上がりませんでした。あの台風でも借金が嵩んでしまいましたし……」

二代目の伊喜雄さんは、熊などをセールスポイントにして懸命の営業活動などを行い、事業を黒字化し、宝川温泉の経営を軌道に乗せた。現在は会長として、三代目社長（自身の甥）を支えている。

「事業は〝人なり〟により決まってきます。欲を捨てて、人物を磨くことが、会社発展に繋がりますよ」

含蓄のある言葉であった。伊喜雄さんは有名な演出家蜷川幸雄さんにその風貌と話し方が似ている。目線をまっすぐに据えて淡々と話す。仏教にも造詣が深く、若い頃インドの各地を旅行して仏教の真髄を学んできたそうだ。

そしてまた、

「苦は楽の種である」

とも。人は苦労しなければいけない。

伊喜雄さんは満州に出征して、厳しい兵役を務め苦難を乗り越えてきた。いろいろ話をしていただいた。

行軍中の話である。水溜りの水は〝赤痢になるから絶対に飲んでは駄目だぞ〟と上官から強く言われても、喉の渇きはそれを超えていた。そんな水も隠れて飲んだ。

「戦場であんな美味しいものはなかった。日本人は贅沢になってしまった。自分は最高のご馳走は水だと思っている」

戦争はすでに六十年以上も昔の話であるが、兵役中のことが今も体に染みついているのだろう。

「優秀な同期生は昇進して南方に転属させられた。その結果、戦況悪化とともに多くは帰らぬ人になってしまった。一方で自分は生き残り、現在も元気に生活している。人の運命などわからないものだ」

凄惨を極めた戦争のことに実感をこめて吐いた言葉が印象に残る。なにより、戦時のことを詳細に記憶されていることには本当に驚かされた。言葉の端々に物事に対してやり抜く強い信念のようなものを感じた。

平成二十一（二〇〇九）年六月二十八日、武尊山の山開きの行事に、伊喜雄さんは奥利根山岳会の会長として願文《がんもん》を寄せている。今回で九回目という話だが、武尊山への登山道中腹にある武尊山神社で、大勢の村人、関係者が集まり執り行われた。

戦時のことを振り返り、現在の日本人のことを思って書かれたのだろう。その一部分を紹介したいと思う。

「愛国心なき国民は滅びる。現在日本の平和と繁栄があるのは先の大戦で国を愛し、家族を守るために国難に殉死した護国の英霊のお蔭であります。今の日本人は愛国心を忘れていませんか。血の涙で戦死した同胞を思えば何の不満がありましょう」

（「第九回武尊山山開き願文」小野伊喜雄作より抜粋）

碩学《せきがく》の伊喜雄さんらしく、説得力のある文章である。

『古里の山に登りて友偲ぶ青春の日の彼も戦死す』

慷慨の歌もしたためてあった。

今の若い人は昔の人を敬うことが少ないと言った氏の言葉が、印象に残っている。

最後に宝川温泉のよいところは、と聞いた。

「宝川は自然がいい」

この一言が宝川温泉のすべてを表していると私も思う。

青嵐の春、宝川の清流が涼しさを呼ぶ夏、全山紅葉の秋、冬は雪の中に浮かぶ露天風呂と、確かに四季を通じてその景色は大きく変わり、それぞれが息をのむような美しさだ。あえて付け加えれば、と前置きして伊喜雄さんは言った。

「夏の夕立ともなれば、この谷間の木々の葉の上を雨が伝って、滝のように両側から流れ落ちる。あれも見事だ」

宝川温泉が緑の峡谷の下にあるからこそ見られる風景なのかもしれない。この自然が、来る者の目を、心を、体を癒してくれるのだと思う。

伊喜雄さんは藤原郷のことを誰よりも大事にしている人のひとりである。この藤原郷のよきことを見つけ出し、そして引き出して村人皆に知ってもらう活動に魂を捧げてきた。そのことで、村としてのまとまりもでき、村興しにも繋がっていったと思う。

林義明、大坪保吉、中島享、中島仁三郎各氏など、藤原で懸命に努力した人々の功績を称え、書籍にして紹介したのも伊喜雄さんである。

その中には当然、吉野秀市さんも含まれている。その他、後で述べる利根川源流讃歌の歌詞にもこれらの人たちは登場する。この歌は地元をはじめ、前橋の県民ホールの大舞台の上でも、藤原の人々が皆で合唱する。これにより前記の皆さんは郷土の有名人となった。ご本人たちの立派な業績もさることながら、伊喜雄さんの素晴らしい演出あってこそだ。

そんな伊喜雄さんの話を聞くことができたのは光栄であった。伊喜雄さんは書物を

宝川温泉の露天風呂

出版したり、藤原風土記をまとめたり、利根川源流まつりや武尊山山開きなどで、八面六臂の活躍をしている。まことに驚かされるばかりだ。江戸時代初期の陽明学の祖、中江藤樹がいう「市井の聖賢」に当たるような人である。

最後に伊喜雄さんは、「藤原郷では千本桜の計画が進行している」と話された。楽しみな計画である。

宝川は秘湯といわれる温泉場でもある。日本一とも謳われる露天風呂が魅力のひとつだ。その後、再び十月半ばに数人の友人と吉野勝さんの案内で、宝川温泉に行った。宝川温泉に近づく頃には、秋の冷たい雨が静かに野山を濡らして、建物には薄い靄が掛かっていた。谷間の露天風呂の湯煙とともに幽玄の世界を醸し出しているようであった。

ここには温泉宿は一軒しかない。両脇から山が迫ってくるような狭いところに、斜面をうまく使って、水量が多い急流の宝川を挟んで建物は建てられていた。

広い駐車場に車を止め、傘を差しながら露天風呂のフロントに向かった。

吉野勝さんはフロントへ行き、受付の人と親しげに話をしている。聞けば吉野勝さんと同郷人とのことで、われわれを満面の笑みで迎えてくれた。

丸顔で恵比寿様のような優しい雰囲気があった。皆はその人と目を合わせると自然に笑顔に変わっていった。ひとりの人の笑顔が皆を楽しい気分にさせてくれるのだ。

宝川温泉の入り口から脱衣所に行くまでには、宝川の川縁を通り、二百メートルくらいありそうな長い廊下を通っていく。その両脇には、昭和初期の農耕機具や時代物の骨董品、仏像、そして東南アジアの民芸品などが所狭しと展示してあった。あまりの数の多さに圧倒される。伊喜雄さんの思い出がしみこんだ大切な品々だという。

その中に、吉野秀市さんの銘板があった。そこには〝熊獲り名人・吉野秀市〟と刻まれていた。吉野秀市さんは、熊捕りに関しては大変な実績があり、郷土にその名を残した人である。

展示品コーナーを数々の品に目をやりながら進み、ようやく脱衣所に入った。露天風呂は非常に広く、百人くらいは入れそうな大露天であった。すぐに冷たい体をお湯に沈める。風呂の温度は四十一度くらいで、私にはちょうどよかった。山里の夕方は冷える。風呂の温かさは、なんとも気持ちがいい。さらさらとした温泉の湯の感触にも、気分を一層和ませてくれる不思議な力があった。風呂では本音で話ができるような気がする。皆、相好を崩して笑顔であった。全身お湯に浸かると疲れも取れて、気持ちも和らぐ。

子宝の湯（二百畳）、摩訶の湯（百畳）、般若の湯（五十畳）、摩耶の湯（女性専用百畳）と、大露天風呂は四つもある。いずれも宝川の清流を眺めながら楽しめるものだ。峡谷を流れる宝川の急湍《きゅうたん》の流れは、岩に砕け音を立てて下っていく。

最初に入った摩訶の湯は非常に大きく、深さが一メートルくらいあり、風呂の端には、お尻をつけるほどよい石があった。そこに座りながら川の流れを見つめていると、何も考えることなく時間が過ぎていく。さすがに日本一の露天風呂であった。

次に入ったのは般若の湯。黄色く色づいた木の葉が、そぼ降る雨とともに上から落ちてくる。時折こっつんと頭に当たるものがあった。「あれ、なんだろう？」しばらくするとまた当たる。ドングリであった。

次に入ったのが、この温泉で一番人気だという〝子宝の湯〟だ。私には縁がなさそうに思ったが、想い出になればと入ってみた。雨が降る中、素っ裸で宝川の吊橋を十五メートルほど渡る。大のおとな、それも少し背が丸くなった高齢者が、裸でいそいそと橋を渡っている姿は、遠くから見ている人にとっては、あまりいい光景とはいえないだろう。映画「猿の惑星」のワンシーンのようにも思える。

といっても、そこに行くには橋を渡るしかない。露天風呂なんだからしょうがないと我慢して、背中を屈めながらタオルで前を隠して渡る。

ここでは摩耶の湯を除く三つの露天風呂が、男女混浴である。

〝子宝の湯〟は深さもお尻がつくほどでちょうどよく、湯温は四十二度くらいで、冷たくなった体には非常に心地よかった。肩までお湯にどっぷり浸かると心も和んだ。

人は誰でも年を重ねると、なんといっても関心事は健康管理となってくる。今回旅に参加した人は皆元気で、懸命に仕事をやっている人ばかりである。肩まで温泉に浸かり、湯の中で車座になって話をする。自分の病気体験のことは、目を大きく見開いて懸命に話す。

胃腸の手術、前立腺の手術、ヘルニア手術、人間ドックの検診の是非など、いろいろな話が飛び出した。私はヘルニアの手術を受けたが、大変辛い期間があった。手術前はたかがヘルニアと思っていたが、体にメスが入ったことが原因となり、体のバランスも崩れてくるのであろう、一年近く経ってもときどき痛みが走るのである。高齢になれば、病気などの完治に時間がかかるのも仕方のないことなのかもしれない。最近は病と仲良く付き合うことが必要だと思っている。今でも患部を押すと痛いが、お湯に浸かっていると何もかもすっかり忘れて、健康のありがたさを噛み締めるのであった。

年を重ねると多くの人が不定愁訴に見舞われる。私も頭が痛かったり、足がだるかったり、肩がこったりと毎日いろいろだ。〝朝起きて痛みを探す老人かな〟である。今日一緒に来ている仲間も、仕事によっては人様の手を借りないとできない場合がある。そのためには仲間との融和を図ることが非常に大切なのである。

年を重ねても仕事ができるのは幸せ者である。

そして、何でも打ち解けて話ができる仲間がいることは、さらに幸せなことである。

宝川温泉では仲間からいろいろな知恵も授かり有益であった。宝川の流れは速く、石に当たる水の音は大きいが、全身をゆっくりお湯に沈めていると、まったく気にならなかった。

昭和二十二（一九四七）年のキャサリン台風のとき、旅館は大きな被害を受けたという。その後再建し、部屋数七十部屋という立派な温泉旅館になった。確かに急流の宝川を挟んで立つ両岸の建物は、洪水時には危険なことは理解できた。

湯上がりには散歩をしながら車へと向かった。途中、六頭もの〝ツキノワグマ〟が檻に飼われていた。狭い鉄格子の檻の中で、休むことなく動き回っている。以前、吉野秀市さんが親熊を捕ったときに、巣穴に遺された〝裸っ子〟（生まれたばかりの小熊）を七十日間ほど自宅で育て、ここに持ってきて飼ってもらっていたのだろう。

胸にはっきりと〝月の輪〟が現れていた。この真っ黒い毛で包まれた大きな熊たちは、屈強で動きが敏捷に見えた。

私は檻の外から熊をずっと見ていた。熊は右に行ったり左に行ったり、絶えず動いている。その中でチラッとこちらを見やる。その瞬間、私をどんな〝生き物〟なのか見抜いているのであろう。鋭い熊の目線には人を威圧するような鋭さが感じられた。

この熊が立てば二メートルを超す背丈になる。秀市さんらは山中でこうした熊たちと闘ってきたのである。人を襲撃しようとする大きな熊と、猟銃一丁で雌雄を決する〝マタギ〟の世界は、想像以上に厳しい世界であることが窺えた。


後日、あらためて春先にも宝川温泉に足を運んでみた。露天風呂に浸かりながら、緑の谷間から見上げる空の青さは、ただ見ているだけで心身を癒してくれた。春の温泉の肌触りは柔らかさが増している感じがして、長い時間入っていても、のぼせなかった。絶え間なく聞こえる宝川の瀬音が心地よく、目を瞑《つむ》ると眠りの中に落ちていきそうになる。

源泉かけ流しは爽やかで、時間が過ぎるのを忘れるほどの癒しの露天風呂であった。

すっかり、この谷間の空を眺めて入る露天風呂が気に入り、以後も四回訪れている。

四、谷川岳一の倉沢の絶景

翌朝、吉野さんの親戚の民宿で全員そろって朝食をいただいた。昨夜降っていた雨もすっかり上がり、今朝は雲ひとつない青空が広がっている。

民宿のすぐ裏手には宝台樹スキー場のゲレンデがあり、朝のしっとりとした重い空気は美味しく、自然に手を広げて深呼吸をしてしまいそうな気持ちのいい朝であった。

山間の藤原郷は高い山がせり出していて少し空が狭く感じられる。山の頂は紅葉が始まっていた。澄み切った空は高く、静かなこの山里はこれから錦の季節を迎える。

親切にしていただいた民宿の女将さんにお礼の挨拶をして宿を出発した。

たった一日の宿泊であったが、昨夜の山菜料理も美味しく食べて、温かいもてなしを受け、何日か滞在したような親しみの感があった。

民宿より車で約二十分、ハイキングのスタート地点である谷川岳ロープウェイ駅に着いた。今日は土合口駅から一の倉沢までのハイキングである。

今日は天気もよく、紅葉も楽しめるとあって、大勢のハイカーがリュックを背負って歩いていた。一の倉沢までの道のりは車も通れるなだらかな約四キロの行程で、ハイキングにはちょうどよい道のりであった。秋の行楽シーズンで片側一車線の道は車両通行禁止となっていて非常に歩きやすい。落ち葉を踏みしめながらゆっくりと歩を進める。吉野勝さんは前方の高い山々を指差しながら言った。

「われわれが行く正面が谷川岳、あの右手の山並みの中で、ここからは見えないが右手奥に朝日岳、そしてさらに右手奥に藤原郷があり、そこが吉野秀市さんや兄（吉野二千六さん）が仕事をしていた〝マタギの世界〟だったんですよ」

「あの山の奥地が〝マタギの世界〟だったんですか。見上げるほど高い山の頂のさらに奥かぁ。すごいよ、本当にすごいことだよ」

あとはみんな押し黙ってしまった。あの山奥で、しかも真冬の厳しい条件の中で〝熊と決闘〟を繰り広げてきた人たちがいた。冬は一面の銀世界だ。いかに超人的な仕事を行ってきたのかが、遠くから山を見てもわかるような気がした。

小春日和の中、木漏れ日が優しくハイカーの顔を照らしていた。登山靴をはいた重装備の人から、われわれのようにジョギングシューズの軽装までいろいろであった。

ただ、歩いている人の多くは年配者だったようだ。

一の倉沢まで道のりは、四方山話に花を咲かせ有意義な時間が過ぎていった。今日参加している人たちの元の職業は記者、パイロット、工場技術者など多彩な人たちばかりである。いわば人生の達人の集まりであり、楽しいハイキングであった。

リラックスした自然の中で話をしていると、人の挙措進退で意外な面を知ることもあり、人の心を繋げるのに非常によいと思う。旅のよさとは、この辺にもあるのかもしれない。

自然の森の中にいると、森林が持っている芳香性物質のフィトンチッドを吸収することになる。この物質は、疲れやストレスを取って気持ちを安らげてくれる作用があるといわれている。それゆえに山では笑顔が溢れるのかもしれない。

そして、長い時間この山深い森林の中を歩くことにより、老化の要因であるデータアロイドも消えるのかもしれない。

一の倉沢に向かって道路側に積もった落ち葉を踏みながら歩いていくと、左側は急な斜面の山であり、右側は切り立った断崖の斜面で谷川に続いていた。大木のブナやコナラなどの広葉樹、そして赤松、サワラのような針葉樹などが密生していた。大雪に毎年見舞われるにもかかわらず、木々は亭々として上に伸びている。木々が急斜面を支えるような格好になっている。四十度もありそうな急勾配に、よくぞ立派に成長しているものだと驚いてしまう。張り巡らされた力強い太い根が、薄い表面の土を支えている感じであった。

ところどころで根の間から大きな岩が突き出ている様を見ていると、木の根は山の崩落を防ぎ、雨のときには水を吸収して山の保全に大変な役目を果たしていることがわかる。

広い道路の両脇には木々が生い茂り、紅葉した葉と緑の葉が織り成す見事なグラデーションを作っている。そのトンネルの下を歩くのは、格別の気分であった。

深い谷を挟んで反対側の斜面は、木々の間から見える絵の具で染めたような真紅がまぶしく、まるで錦絵のようであった。漆かナナカマドであろうか。

今まで緑で覆われていた岩場の木々が、これから最初に錦を飾るのである。この一の倉沢に続く谷間の景色は、明るい太陽の光によって錦秋の時を少しずつ表していく。

ハイキング道をゆっくりと歩きながら、いろいろなことが話題に上る。

インドにおける人間の一生から見ると、六十代以降は「家住期」から「林住期」(思索の時期)だという。最近日本人は食生活や運動など、生活習慣に対して細かなことに注意を払っている。その結果として健康になり、今日の楽しいハイキングに繋がっている。

笑顔で話をして歩を進めているうちに、谷川岳の景勝〝一の倉沢〟が目の前に迫ってきた。見上げる急峻な岩場は、やはり迫力満点であった。凛然とそそり立つ大岩壁を見上げていると、悠久の自然を感じるとともに、自分の儚《はかな》い人生をも思ってしまった。

オーバーハングしているような岩は登山家にとっては格好のスポットである。谷川岳は古くから信仰の対象であったが、大正九(一九二〇)年の初縦走以後、スポーツ登山のメッカとしても注目を集めるようになった。

「清水トンネルが開通して、谷川岳は俄に人間の世界に接近した」

といわれるようになった。

谷川岳は標高千九百七十七メートル。切り立った岩壁は、見上げるだけでもその峻険さを教えてくれる。いわゆる壁である。高い岩壁の下のエリアでは、色とりどりの秋を感じることができる。

また、谷川岳は「魔の山」とも言われる。この山では遭難者が相次ぎ、正確な数字はないが二百人以上が亡くなっているという。ここまでの人数は世界のどの山にもないそうだ。

それでも毎シーズン、数百人にのぼる登山者が列をなしてこの山を訪れる。多数の遭難者を出し「魔の山」と称される反面、それだけ魅力的でもある山なのだ。

三十数年前、この一の倉沢で登山者の宙吊り遭難があって、一大ニュースになったことがある。岩場から滑落してザイルに垂れ下がり、蓑虫《みのむし》のように宙吊りになってしまった。

連日大きく新聞報道が行われ、その救出の方法が注目された。宙吊りのまま死亡してしまった遭難者のザイルを自衛隊の射撃部隊が出動して、ライフル銃で切断したのである。当時衝撃的な遭難事故であった。そんな悲しく痛ましい事故があっても登山者はやまない。そこには厳しい登山を経験した人にしかわからない奥深い魅力があるのだろう。

一の倉沢を少し過ぎた道路際の岩には、遭難者の十数枚もの銘文が記されていた。

多くは若い人で家族の悲しみが伝わり、胸を打つものがあった。

『日本百名山』の本を書いた深田久弥は、著書の中で次のように言っている。

「谷川岳に登る時にマチガ沢、一の倉沢、幽ノ沢等すごい岩壁に突き当った沢を覗いて見ると、こんな岩場がある以上、岩登りが集まるのは無理がない」

われわれのハイキングの終点は「一の倉沢」である。見上げる壁は、こちらに覆いかぶさってくるような迫力があった。あの岩を登る登山者の勇気には、ただ感心する以外にない。

小説『クライマーズ・ハイ』（横山秀夫著）の中に、登攀《とうはん》の行があったように思う。主人公の悠木はハーケンにアブミをかけ、そのアブミに足をかけた。庇の下にぶら下がる感覚はなくなり、体が風に揺られる。頬に心地よかったその風が、悪魔の様に感じられるようだと言っている。アブミの階段を上る。腕を懸命に伸ばし、次のハーケンにアブミを掛ける。上の網段に登る。その作業を繰り返しながら上るということである。

岩とアブミとの格闘である。感覚が麻痺してくる頃には、クライマーズ・ハイの状態になるという。それも山の魅力なのかもしれない。傾斜が九十度を超えると加速度的に体力を消耗するらしい。

十月は登山シーズンではないため、登っている人は当然いない。数年前の夏来たときには、この壁を登攀している人が何人もいた。あのときの情景が鮮明に浮かんだ。見上げる登山者は米粒くらいの大きさにしか見えなかった。しかし少しずつ、前進しているのがわかった。なぜか岩壁の小さい点に目を凝らして、アブミと格闘しているクライマーの姿を想像しながら見続けていた。

麓の沢の下では登山監視委員が椅子に座って双眼鏡でその動きを監視していた。ある一定の距離を置いて、次のパーティーが続く。その状態を注意深く監視しているようであった。何かトラブルでもあったら近くのパーティーが対応するのであろう。

私は一の倉沢で天下の名峰である谷川岳の壁を見上げただけであるが、その魅力、素晴らしさが少しわかったような気がした。

五、賑やかな利根川源流まつり

奈良俣ダムの水辺では七月下旬に「利根川源流まつり」が開催された。私も見物客として参加したが、楽しい住民主役の祭典であった。

ダムの水辺の広場には華やかに飾られた舞台が作られ、その上で東京の有名タレントがヒップホップのダンスを披露して、交歓の八木節保存会が八木節音頭を歌い、地元合唱団が地元有名人を題材にした歌を合唱していた（一部を本項末尾に記載）。

その他アコーディオン演奏などがあり、賑やかな祭りであった。源流太鼓が大自然の真っ只中で鳴り響く音は耳に優しく、楽しむことができたとともに、多彩な演目で賑やかであった。ダムの水辺では、カヌー試乗体験などもあり、黄色いライフジャケットを着て乗りこむ子どももおとなも満面の笑みであった。大きな鏡のような静かな湖面には山の緑が綺麗に映し出され、木の葉のようなカヌーが水澄ましのように行き交っていて、長閑な情景を作り出していた。

ここでの特徴的なことは、平成十二（二〇〇〇）年に作られた『利根川源流讃歌』を地元二十人くらいの人たちが合唱で歌うことであった。利根川源流にかかわるダム、藤原郷、源流の男たちなどを謳った十二曲からなっている。藤原郷で活躍した人たちのことを歌詞にした讃歌だ。郷土を誇りに思う心が素晴らしい歌詞を生んでいる。

利根川源流まつりの会場（右手には至仏山）

歌声に合わせて口ずさんでいると、自然に郷土愛や隣人愛が出てくるような感じであった。この合唱の歌い出しは小野伊喜雄（宝川温泉の会長）さんで、

「知ってますか秀市さんのこと」

と唱うと、続いて全員で、

「日本一の熊捕り名人山を知り風を知る」

と合唱になる。小野さんの声は九十歳にはとても思えない元気さで、歌声が湖畔にこだました。

中でも「利根源流の男たち」は、最近まで活躍してきた吉野秀市さん、小野伊喜雄さんら八名の名前を歌詞に折りこみ、称える歌だ。

自分の熊捕りの歌を目を細めて聞いてい

る秀市さんの姿は、戦いを終えた将兵が当時を回顧している姿に似ているように思えた。ゆったりとしたよい表情であった。

頭上を見れば笠ヶ岳、子至仏山、至仏山などの山々の頂が連なり、まさに大自然に囲まれた中でのお祭りであった。夏の太陽が照りつける中、山の緑と広いダム湖の水面が暑さを消してくれていた。

ダム湖を取り巻くように至仏連山があるが、これらの山は秀市さんが熊捕りで活躍した山岳である。秀市さんは山を見上げながら懐かしそうに話をしてくれた。

「あの子至仏山の手前にはブナ、松、リューゼン、ネズコの大木がたくさんあって、熊の寝床としては条件がよかったんですよ。山にはたくさんの沢が流れているのですが、雪山では行く手を阻んで苦労をしました」

夏の青空の下、昔を振り返って話す秀市さんは、優しい眼差しであった。その目線は私と話が終わっても、熊を何十頭も捕った往時を懐かしむかのように、笠ヶ岳、子至仏山、至仏山などを見続けていた。

お祭りの最後の演目は八木節音頭であったが、杉木茂左衛門の義人物語の歌詞は胸打たれるものがあった。

この内容は三百七十年前のこと沼田城下の村人たち（利根、吾妻、勢多などの一七七ケ村）は通年の五倍もの厳しい年貢の取立てに苦しんでいた。そこに名主の杉木茂左衛門が、江戸幕府に当時の将軍徳川綱吉の代に直訴に行った。江戸で上野輪王寺宮に巧く直訴が叶うことができた。当時直訴はご法度であった。禁制を犯したということで磔の刑が言い渡される。

これを知った村人のうち二人の農民がご赦免願いにと江戸に向かった。幕府からご赦免状が降りて、二人は早馬で国に帰って来る。しかし二人が沼田城近くに来たところで処刑が行われてしまった。二人はもう少し早く着けば茂左衛門は処刑にならなかったと、その役目を果たせなかったことを悔いて自害してしまう。誠に悲しい出来事であった。今も二人の首塚は残っている。

領民はその威徳を偲んで地蔵尊を立ててそれから今日まで供養を続けてきた。今では浄財により千日堂も建てて参拝に来る人に住民が交代でその功績を話し伝えているのである。茂左衛門は江戸まで約四十里（約百五十キロ）を、関所を抜けて、命がけで訴えに行った。郷土の歴史に残る働きをしたのである。

私もこの源流まつりの前に千日堂に二回ほど参拝に行ってきた。千日堂には茂左衛門の直訴への過程が絵物語でわかりやすく描かれていた。住民のための直訴という死を覚悟でその行動をとったという。この杉木茂左衛門の功績を台詞にして、八木節音頭に合わせて歌ったのである。八木節保存会の人たちが歌う歌声に、子どももおとなも熱心に耳を傾けているようであった。

この祭りのいちばんよいところは、三百七十年前、村を救った人を忘れずその偉業を称え、そして今でも村で活躍してきた人々を称賛していることだと思う。こんな地に足のついた素晴らしいイベントを開催している地域が他にあるだろうか。

秀市さんは舞台には上がらなかったが、司会者から「秀市さんは、今日会場にきていらっしゃいますよ」という紹介があった。このとき、私と会場で話をしていた秀市さんに視線が注がれた。このような公の会場で村人に毎年紹介されることは、晴れがましいことであろう。

多くの人が祭りに参加して村のことを知り、そして村を大切にする気持ちが育まれれば、将来の地域興しにも繋がることになると思う。

利根川源流讃歌の合唱団には毎年、今や二百五十人もの人が参加して、沼田市庁舎や群馬県庁などで、その合唱が披露されてきた。地元の人をはじめとして、多くの人が合唱団に参加し、これからも歌い継がれていくことだろう。そして人々の絆が生まれ、よい村が創られていくことであろう。

※利根川源流讃歌（作詞・猪熊道子、作曲・大西進）は、「利根川水源地」「利根川源流ダム」など全十二曲からなる。そのうちの四曲「利根川源流の男たち」を以下に紹介します（全九番のうち四曲抜粋）。

一、知ってますか　義明さんのこと
雪深い藤原の　暮しの歳時記
「おれのむら」本にまとめた人
仙太郎やかた守った人

二、知ってますか　秀市さんのこと
日本一の熊捕り名人　山を知り風を知る
一シーズン三十二頭記録持つ人

三百頭の熊を捕った人

三、知ってますか　伊喜雄さんのこと
「利根川水源紀行」「藤原風土記」
「俺の仕事は俺一代」本にまとめた人
奥利根山岳会会長さん

四、知ってますか　男たちのこと
利根源流に生きてきた誇り高き
男たちの姿　忘れない
いつまでもいつまでも思い出す
いつまでもいつまでも忘れない

あとがき

本書『群馬藤原郷と最後の熊捕り名人』をまとめ終えて思ったことは、次のようなことです。

マタギは、スポーツ選手の名アスリートと同じであるように思います。急変するいろいろな状況を的確に判断して対応する、鋭い慧眼を持っていなければならないからです。

マタギは山岳で生きていくための知恵を自然から学び、適応していかなければならない厳しい世界に生きる男の仕事です。

マタギの達人・吉野秀市さんにお会いして、マタギの世界について多くのことを学びました。マタギには多くの協力者がいてこそ、よい仕事ができたのだと思います。しかしその営みも、残念ながら今は潰《つい》えてしまいました。

長年培われてきた無形のマタギ文化だけは、後世に語り継がれてほしいと思いますし、地域にとっても大切な文化遺産だと思います。

マタギの舞台となった藤原郷は、豪雪地帯である反面、緑豊かで歴史のある山間の集落です。自然がまことに豊かであり、歴史ロマンがたくさん詰まっています。今では、スポーツにレジャーに魅力のある村となっています。村の人々は勤勉かつ親切であるとともに、その道の達人、名人が多いことも特徴に挙げられましょう。

平成二十一（二〇〇九）年五月現在で、藤原郷の人口は約五百人です。日本全国で過疎化が進んでいますが、藤原郷でも同じ状況のようです。

地元の人からは、高齢化も進み、子どもが非常に少なくなり、村の元気がなくなってきていると聞きました。昭和六十〜平成元（一九八五〜一九八九）年頃のスキーブーム時に比べて、観光客やスキー客も減ってきているそうです。

藤原郷の伝統ある美しい村をこれからも護っていくためには、活力のある村造りに期待したいと思います。その意味で、村興しに文化醸成にと、いろいろな面で尽力されている宝川温泉会長の小野伊喜雄さんの活躍は、特筆すべきものがあると思います。今回、藤原郷を訪ねた折、伊喜雄さんからは多くのことを教えていただきました。感謝しています。

吉野秀市・並江夫妻、吉野二千六、勝さん兄弟の協力を得て、このたび本書をまとめることができたことを心から嬉しく思っています。吉野勝さんには、地域のことや藤原郷の今昔について多くを教えていただき、お礼申し上げます。

水資源開発公団沼田管理事務所、みなかみ町観光課の遠藤様には、貴重な資料のご提供をいただきました。感謝とお礼を申し上げます。

この本をきっかけとして、ひとりでも多くの人が藤原郷へ思いを馳せ、または振り返り、あるいは奥深いマタギ文化の一端を、さらに美しい山里の自然を知っていただけたら、著者としましては望外の喜びです。

著者プロフィール

狩野　順司（かのう　じゅんじ）

1939 年群馬県生まれ、神奈川県在住。
日本鋼管株式会社（現・ＪＦＥスチール株式会社）を経て、現在自営業。
著書に『想い出ほろほろ』（2005 年、文芸社刊）がある。

群馬藤原郷と最後の熊捕り名人

2010年２月15日　初版第１刷発行
2013年１月20日　初版第２刷発行

著　者　狩野 順司
発行者　瓜谷 綱延
発行所　株式会社文芸社
〒160-0022　東京都新宿区新宿1－10－1
電話　03-5369-3060（編集）
03-5369-2299（販売）

印刷所　株式会社平河工業社

ISBN978-4-286-08110-6